Vorschläge
des Deutschen Juristentags

für die Art der Anführung

von

Rechtsquellen, Entscheidungen und wissenschaftlichen Werken.

Beschlossen von dem 27. Deutschen Juristentag
am 13. September 1904.

Erste Ausgabe.

Berlin 1905.

J. Guttentag, Verlagsbuchhandlung,

G. m. b. H.

Einleitende Bemerkungen.

In der Art, wie die deutschen Juristen Gesetze, Entscheidungen und rechtswissenschaftliche Schriften zitieren, herrscht heute bunteste Mannigfaltigkeit: jeder folgt dem eigenen Geschmacke, der eine kürzt, der andere vermeidet jede Kürzung, oft nur in dem Bestreben, Mißverständnissen vorzubeugen; für die Kürzungen selbst fehlt jede Einheitlichkeit.

Diese Zerrissenheit wird von Lesern und noch mehr von Schriftstellern und Herausgebern juristischer Zeitschriften seit langem als Übelstand empfunden; eine Zitiereinheit wird das Verständnis erleichtern und eine nicht unbeträchtliche Ersparnis an Zeit, Raum und Geld bedeuten. In anderen Wissenschaften hat man sich schon über eine einheitliche Zitiermethode geeinigt oder doch solche Einigung angebahnt. Daß ein gleiches Bedürfnis für die Rechtswissenschaft vorliegt, hat auch der Deutsche Juristentag anerkannt und einstimmig beschlossen, die nachstehenden Vorschläge für die Art der Anführung von Rechtsquellen, Entscheidungen und wissenschaftlichen Werken den deutschen Juristen zur Anwendung zu empfehlen.

Die Vorschläge bezwecken, eine einheitliche Art der Anführung von Rechtsquellen, Entscheidungen und wissenschaftlichen Werken einzubürgern. Sie sollen den deutschen und den österreichischen Juristen einen Anhalt dafür geben, wie solche Abkürzungen zu bilden sind, wenn es im einzelnen Falle dem Verfasser überhaupt zweckmäßig erscheint, Abkürzungen anzuwenden.

Die Vorschläge wenden sich vornehmlich an den Juristen, der für Juristen schreibt. In Äußerungen, die für Laien bestimmt sind, insbesondere in Ausfertigungen von Urteilen, in volkstümlichen Darstellungen und dergl. sind wie bisher Abkürzungen möglichst zu vermeiden.

Weitergehende oder anders geartete Abkürzungen sind da nicht ausgeschlossen, wo der Zusammenhang es angezeigt erscheinen läßt, z. B. in Sonderarbeiten über enger begrenzte Rechtsgebiete. Für den Verkehr mit Bibliotheken verbietet sich die Verwendung von Abkürzungen schon durch die Rücksicht auf die Bibliothek-Ordnungen.

Unter Verwertung der allgemein üblichen Abkürzungen wird angestrebt: Kürze, Verständlichkeit und tunlichste Beibehaltung der Wortfolge. Die gleiche Abkürzung für verschiedene Worte ist dann unbedenklich, wenn der Zusammenhang, in dem die Worte vorkommen können, die Gefahr einer Verwechselung ausschließt, z. B.: AG. = Amtsgericht oder Ausführungsgesetz.

A. Allgemeine Regeln.

1. Seiten- und Spaltenzahlen sind ohne den Vorsatzbuchstaben S. oder Sp. zu setzen, z. B.: Gneist, Formelle Verträge 123.

2. Jahrgangs- und Bandzahlen sind in arabischen Ziffern wiederzugeben und von der Seitenzahl durch ein Komma zu trennen. Für den Druck kann es sich empfehlen, die Jahrgangs- und Bandzahlen halbfett zu setzen, dann aber das Komma fortzulassen, z. B.: ArchCivPrax. 88, 168 oder **88** 168 = Archiv für die civilistische Praxis Band 88 Seite 168, nicht: LXXXVIII, 168.

Enthält ein Zitat mehrere Seitenzahlen hintereinander, so sind diese voneinander durch Kommata zu trennen und, sofern die Jahrgangs- oder Bandzahl nicht halbfett gesetzt ist, durch Einfügung eines S. vor der ersten Seitenzahl zu kennzeichnen z. B.: ArchCivPrax. 88 S. 16, 18, 31 oder **88** 16, 18, 31. Sind mehrere Bände oder Jahrgänge desselben Werkes anzuführen, so ist zwischen die Band- oder Jahrgangszahlen ein Semikolon zu setzen z. B.: RG. 53 S. 1, 27; 54, 5.

3. Ist ein Werk in mehreren Auflagen erschienen, so ist die angeführte Auflage durch eine arabische Exponentenzahl* oder eingeklammert anzugeben, z. B.: Savigny, Besitz^7 15 oder Besitz (7) 15 = Savigny, Besitz 7. Auflage Seite 15; Dernburg, Bürgerliches Recht 3^3 333 oder 3 (3) 333 = Dernburg, Bürgerliches Recht 3. Band 3. Auflage Seite 333.

---

*) Die Verwendung einer Exponentenzahl zur Bezeichnung der Auflage ist bei den Rechtshistorikern allgemein und außerhalb der juristischen Wissenschaft bei Philologen, Historikern, Theologen in Gebrauch.

4. Paragraphen sind durch § zu bezeichnen, Artikel mit Art., Nummer mit Nr., Absatz mit Abs. abzukürzen. Mehrere Paragraphen oder Artikel hintereinander sind durch §§ oder Artt. zu bezeichnen. Das Wort „Satz" wird nicht abgekürzt.

5. Für die Jahreszahlen in Daten und zur Bezeichnung von Jahrgängen genügen in der Regel die beiden Schlußziffern, wenn jeder Zweifel über die Bedeutung dieser Bezeichnung einer Jahrgangszahl und über das Jahrhundert ausgeschlossen ist. Eine Regel über die Bezeichnung eines Monats mit arabischen oder römischen Ziffern wird nicht vorgeschlagen, da beide Bezeichnungen üblich sind.

6. Abkürzungen werden nicht flektiert, z. B.: Mit dem Inkrafttreten des BGB., nicht des BGB.'s.

7. Trennungszeichen (Punkte, Kommata) sind innerhalb einer zusammengesetzten Abkürzung nicht zu verwenden, also: BGB. nicht B.G.B.; ArchBürgR. nicht Arch. Bürg. R.

B. Besondere Regeln.

Rechtsquellen.

I. Ein Gesetz oder eine andere Rechtsquelle ist regelmäßig mit der Überschrift und dem Datum zu bezeichnen. Die Überschrift kann durch einen allgemein üblichen kürzeren Namen ersetzt werden, z. B.: DepotG. = Gesetz, betreffend die Pflichten der Kaufleute bei Aufbewahrung fremder Wertpapiere; HaftpflG. = Gesetz, betreffend die Verbindlichkeit zum Schadensersatze für die bei dem Betriebe von Eisenbahnen, Bergwerken usw. herbeigeführten Tötungen und Körperverletzungen; RayG. = Rayongesetz = Gesetz, betreffend die Beschränkungen des Grundeigentums in der Umgebung von Festungen.

II. Das Datum kann bei bekannteren Gesetzen weggelassen werden, z. B.: StGB., BGB. Ist die Unterscheidung von einer anderen Fassung desselben Gesetzes oder von anderen Gesetzen mit gleicher Überschrift geboten, so genügt die Hinzufügung der Jahreszahl in Klammern, z. B.: KO. (1898).

Enthält die Abkürzung das Datum der Rechtsquelle, so ist die Angabe der Jahrgangszahl des Veröffentlichungsorgans nicht erforderlich, falls dieses in Jahresbänden erscheint und die Jahreszahlen des Zitats und des Jahrgangs übereinstimmen. Die Angabe der Seitenzahl ist wünschenswert.

Beispiele: Münzgesetz v. 9. VII. 73 (RGBl. 233); Abkommen zur friedlichen Erledigung internationaler Streitigkeiten v. 29. VII. 99 (RGBl. **01** 393).

III. Soll der Name eines Gesetzes abgekürzt werden, so sind die für seine Benennung charakteristischen Bestandteile in Silben- und Buchstabengruppen (Sigel) gekürzt zusammenzufassen, z. B.: **G**esetz, betreffend die **B**eschlagnahme des Arbeits- oder Dienst**lohns** = LohnBG.

Besteht der Name des Gesetzes nur aus einem Wort, so ist dieses in seine einzelnen Bestandteile zu zerlegen und aus deren Anfangsbuchsilben eine Abkürzung zu bilden, z. B.: **R**eichs**mil**itär**g**esetz = RMilG.

Fehlt eine amtliche Bezeichnung eines Gesetzes oder einer anderen Rechtsquelle durch ein Wort, so ist die Bildung solcher Einwortbezeichnungen unter Anlehnung an eingebürgerte Benennungen anzustreben z. B. **G**esetz betreffend die **Pens**ionierung und Versorgung der **Mil**itärpersonen des Reichsheeres und der Kaiserlichen Marine, sowie die Bewilligungen für die Hinterbliebenen solcher Personen = MilPensG.

Bei häufig gebrauchten Gesetzen und anderen bekannten Rechtsquellen können an Stelle einer Silbe einzelne Buchstaben, insbesondere deren Anfangsbuchstaben treten, z. B.: **B**ürgerliches **G**esetz**b**uch = BGB., **G**rund**b**uch**o**rdnung = GBO.

Bei der Anführung eines Reichsgesetzes ist die Silbe „Reichs" im allgemeinen wegzulassen, sofern sie nicht einen untrennbaren Bestandteil des Gesetzesnamens bildet und sofern durch ihre Fortlassung keine Zweifel entstehen können, z. B.: Gewerbeordnung für das Deutsche Reich (Reichsgewerbeordnung) = GewO., aber Reichskassenscheingesetz = RKassSchG., Reichsstempelgesetz = RStempG.

Sind Gesetze usw. eines deutschen Bundesstaates anzuführen, so ist ihrer Abkürzung der Name des Bundesstaates abgekürzt voranzusetzen.

Abkürzungen für die allgemeine Bezeichnung von Rechtsquellen und deren Materialien.

Abänderungsgesetz	= AbG.
Abkommen	= Abk.
Anweisung	= Anw.
Dienst-Anweisung	= DAnw.
Geschäftsanweisung	= GeschAnw.
Ausführungsgesetz	= AG.
Begründung	= Bgr., Begr.
Bekanntmachung	= Bk., Bek.
Bericht	= B., Ber.
Kommissionsbericht	= KommB.
Stenographischer Bericht	= StenB.
Beschluß	= Bschl., Beschl.
Denkschrift	= D.
Einführungsgesetz	= EG.
Entwurf	= E.
Vorentwurf	= VorE.
Erlaß	= Erl.
Gesetz	= G.
Instruktion	= Instr.
Konvention	= Konv.
Motive	= Mot., M.
Ordnung	= O.
Betriebsordnung	= BetrO.
Dienstordnung	= DO.
Geschäftsordnung	= GeschO.
Protokolle	= Prot., Pr.
Reglement, Regulativ	= Rgl., Regl.
Verordnung	= V., VO.
Verfügung	= Vf.
Allgemeine Verfügung	= AVf.
Vertrag	= Vt.
Auslieferungsvertrag	= AuslVt.
Handelsvertrag	= HdlVt.
Konsularvertrag	= KonsVt.
Vorschrift	= Vschr.

Abkürzungen für die Bezeichnung von Reichsbehörden*.

Bundesrat	= BR.
Reichstag	= RT.
Reichskanzler	= RK.
Auswärtiges Amt	= AuswA.
Reichsamt des Innern	= RAJ.
Bundesamt für das Heimatwesen	= BAH.
Ober-Seeamt	= OSeeA.
(Kaiserliches) Statistisches Amt	= KStatA.
Patentamt	= PatA.
Reichs-Versicherungsamt	= RVA.
Aufsichtsamt für die privaten Versicherungsunternehmungen	= APrivVers.
Reichs-Marine-Amt	= RMA.
Reichs-Postamt	= RPA.
Reichs-Justizamt	= RJA.
Reichsgericht	= RG.
Reichsschatzamt	= RSchA.
Reichs-Eisenbahn-Amt	= REA.
Reichsmilitärgericht	= RMG.

Abkürzungen für Gesetz- und Verordnungsblätter des Deutschen Reiches.

Amtsblatt des Reichs-Postamts	= RPostABl.
Armee-Verordnungs-Blatt	= AVBl.
Bundesgesetzblatt	= BGBl.
Deutsches Kolonialblatt. Amtsblatt für die Schutzgebiete des Deutschen Reichs	= KBl.
Marine-Verordnungsblatt	= MVBl.
Nachrichten des Reichs-Versicherungsamts	= RVANachr.
Patentblatt	= PBl.
Blatt für Patent-, Muster- und Zeichenwesen	= PatMustZeichBl., PMZBl.
Deutscher Reichs-Anzeiger und Königl. Preußischer Staats-Anzeiger.	= RAnz.
Reichs-Gesetzblatt	= RGBl.
Zentralblatt für das Deutsche Reich	= RZBl.

*) Nach der Ordnung des Handbuchs für das Deutsche Reich.

Abkürzungen für die Namen der Bundesstaaten.

Pr.	Weim.	Kob.	RjL.
Bay.	MecklStr.	Gotha	SchL.
Sachs.	Old.(Birk.,	Anh.	Lippe*
Württ.	FstLüb.)	SchwR.	Lüb.
Bad.	Braunschw.	SchwSo.	Brem.
Hess.	Mein.	Wald.	Hamb.
MecklSchw.	Altenb.	RäL.	ElsLoth. (EL.)

Abkürzungen für Reichsgesetze**.

Bürgerliches Recht und Verfahren***.

Bürgerliches Gesetzbuch vom 18. VIII. 96 = BGB.
V. betr. die Hauptmängel und Gewährfristen beim Viehhandel v. 27. III. 99 = ViehmängelV.
Bk. betr. die Anlegung von Mündelgeld in verbrieften Forderungen gegen inländische kommunale Körperschaften usw. v. 7. VII. 01 = MündelgBk.
Bk. betr. Ausführungsbestimmungen zu den §§ 980, 981, 983 des BGB. (Vorschriften über die in Fundsachen usw. von Reichsbehörden und Reichsanstalten zu erlassenden Bekanntmachungen) vom 16. VI. 98 = FundBk.
G. betr. die Beschränkungen des Grundeigentums in der Umgebung von Festungen v. 21. XII. 71 = RayG.
G. betr. die Verbindlichkeit zum Schadensersatze für die bei dem Betriebe von Eisenbahnen, Bergwerken usw. herbeigeführten Tötungen und Körperverletzungen v. 7. VI. 71 = HaftpflG.

Börsengesetz v. 22. VI. 96 = BörsG.
Betriebs-Ordnung für die Haupteisenbahnen Deutschlands v. 5. VII. 92 = EisenbBetrO.
Eisenbahn-Verkehrsordnung v. 26. X. 99 = EisenbVerkO.
G. betr. die Abzahlungsgeschäfte v. 18. V. 94 = AbzG.
G. betr. die Erwerbs- und Wirtschaftsgenossenschaften v. 1. V. 89, neue Fassung v. 20. V. 98 = GenG.

---

*) Bleibt ungekürzt.
**) Die Vorschläge beschränken sich zunächst auf Reichsgesetze.
***) Versicherungsrecht siehe unter Verwaltungsrecht.

G. betr. das Flaggenrecht der Kauffahrteischiffe v. 22. VII. 99 = FlaggenG.
G. betr. die Gesellschaften mit beschränkter Haftung v. 20. IV. 92, neue Fassung v. 20. V. 98 = GmbHG.
G. betr. die Pflichten der Kaufleute bei Aufbewahrung fremder Wertpapiere v. 5. VII. 96 = DepotG.
G. betr. die privatrechtlichen Verhältnisse der Binnenschifffahrt v. 15. VII. 95, neue Fassung vom 20.V.98 = BinnenSchG.
G. betr. die privatrechtlichen Verhältnisse der Flößerei v. 15. VII. 95 = FlößG.
Gewerbeordnung für das Deutsche Reich v. 21. VI. 69, neue Fassung v. 26. VII. 00 = GewO., GO.
Handelsgesetzbuch v. 10. V. 97 = HGB.
Hypothekenbankgesetz v. 13. VII. 97 = HypBankG.
Seemannsordnung v. 2. VI. 02 = SeemO.
Strandungsordnung v. 17. V. 74 = StrandO.
Allgemeine Deutsche Wechselordnung (Einführungsgesetz v. 5. VI. 69.) = WO.

G. zur Bekämpfung des unlauteren Wettbewerbes v. 27. V. 96 = UnlWG., UWG.*
G. betr. den Schutz von Gebrauchsmustern v. 1. VII. 91 = GebrMustG.
G. betr. den Schutz der Photographien gegen unbefugte Nachbildung v. 10. I. 75 = PhotG.
G. betr. das Urheberrecht an Mustern und Modellen v. 11. I. 76 = MustG.
G. betr. das Urheberrecht an Werken der bildenden Künste v. 9. I. 76 = KunstUrhG.
G. betr. das Urheberrecht an Werken der Literatur und der Tonkunst v. 19. VII. 01 = LitUrhG.
G. über das Verlagsrecht v. 19. VII. 01 = VerlG.
Patentgesetz v. 7. IV. 91 = PatG.
G. betr. die Patentanwälte v. 21. V. 99 = PatAnwG.
G. zum Schutze der Warenbezeichnungen v. 12. V. 94 = WarenZG., WZG.

Gerichtsverfassungsgesetz v. 27. I. 77, neue Fassung v. 20. V. 98 = GVG.

*) Nur anzuwenden, wenn Verwechselung mit dem Gesetz über den Unterstützungswohnsitz ausgeschlossen ist.

G. über die Angelegenheiten der freiwilligen Gerichtsbarkeit v. 17. V. 98, neue Fassung vom 20. V. 98	= FGG.
G. betr. die Beglaubigung öffentlicher Urkunden v. 1. V. 78	= UrkBeglG.
G. betr. die Beschlagnahme des Arbeits- oder Dienstlohnes v. 21. VI. 69	= LohnBG.
G. über die Zwangsversteigerung und die Zwangsverwaltung v. 24. III. 97, neue Fassung v. 20. V. 98	= ZVG.
Gewerbegerichtsgesetz v. 29. VII. 90, 30. VI. 01, neue Fassung vom 29. IX. 01	= GewGG., GGG.
G. betr. Kaufmannsgerichte v. 6. VII. 04	= KaufmGG., KGG.
Grundbuchordnung v. 24. III. 97, neue Fassung v. 20. V. 98	= GBO.
Konkursordnung v. 10. II. 77, neue Fassung v. 20. V. 98	= KO.
G. betr. die Anfechtung von Rechtshandlungen eines Schuldners außerhalb des Konkursverfahrens v. 21. VII. 79, neue Fassung v. 20. V. 98	= AnfG.
Rechtsanwaltsordnung v. 1. VII. 78	= RAO.
Civilprozeßordnung v. 30. I. 77, neue Fassung v. 20. V. 98	= ZPO., CPO.
Gebührenordnung für Gerichtsvollzieher v. 24. VI. 78, neue Fassung v. 20. V. 98	= GVollzGebO., GVGO.
Gebührenordnung für Rechtsanwälte v. 7. VII. 79, neue Fassung v. 20. V. 98	= RAGebO., RAGO.
Gebührenordnung für Zeugen und Sachverständige v. 30. VI. 78, neue Fassung v. 20. V. 98	= ZGebO., ZGVO.
Gerichtskostengesetz v. 18. VII. 78, neue Fassung v. 20. V. 98	= GKG.

Strafrecht und Strafverfahren.

G. zur Bekämpfung des unlauteren Wettbewerbes v. 27. V. 96	= UnlWG., UWG.*
G. betr. die Entschädigung der im Wiederaufnahmeverfahren freigesprochenen Personen v. 20. V. 98	= FreigesprG.

*) Nur anzuwenden, wenn Verwechselung mit dem Gesetz über den Unterstützungswohnsitz ausgeschlossen ist.

G. betr. Entschädigung für unschuldig erlittene Untersuchungshaft v. 14. VII. 04 = UntersuchEntschG.
G. gegen den verbrecherischen und gemeingefährlichen Gebrauch von Sprengstoffen v. 9. VI. 84 = SprengstG.
G. über die Presse v. 7. V. 74 = PreßG.
G. betr. den Verkehr mit Nahrungsmitteln, Genußmitteln und Gebrauchsgegenständen v. 14. V. 79 = NahrMittelG., NMG.
G. gegen den Verrat militärischer Geheimnisse v. 3. IV. 93. = SpionG.
Militärstrafgerichtsordnung v. 1. XII. 98 = MStGO.
Militärstrafgesetzbuch für das Deutsche Reich vom 20. VI. 72 = MStGB.
Strafgesetzbuch vom 15. V. 71, neue Fassung vom 26. II. 76 = StGB.
Strafprozeßordnung v. 1. II. 77 = StPO.

Staats- und Verwaltungsrecht.

G. betr. Verfassung des Deutschen Reichs v. 16. IV. 71 = RV.
Wahlgesetz für den Deutschen Reichstag v. 31. V. 69 = RTWahlG.

G. betr. die Fürsorge für die Witwen und Waisen der Reichsbeamten der Zivilverwaltung v. 20. IV. 81 = RBHinterblG.
G. betr. die Rechtsverhältnisse der Reichsbeamten v. 31. III. 73 = RBG.
G. betr. den Servistarif und die Klasseneinteilung der Orte v. 6. VII. 04 = ServisTG.

G. über das Auswanderungswesen v. 9. VII. 97 = AuswG.
G. über die Beurkundung des Personenstandes und die Eheschließung v. 6. II. 75 = PStG.
G. betr. die Eheschließung und die Beurkundung des Personenstandes von Bundesangehörigen im Auslande v. 4. V. 70 = AuslPStG.
G. über die Erwerbung und den Verlust der Bundes- und Staatsangehörigkeit v. 1. VI. 70 = StAngG., StAG.
Gesetz über die Freizügigkeit v. 1. XI. 67 = FreizügG.
Gesetz über den Unterstützungswohnsitz v. 6. VI. 70 und v. 12. III. 94 = UWG.
G. betr. das Vereinswesen v. 11. XII. 99 = VerG.

G. betr. die Wechselstempelsteuer v. 10. VI. 69 = WStempG.
Reichsstempelgesetz vom 27. IV. 94, neue Fassung vom 14. VI. 00 = RStempG.
Zolltarifgesetz v. 15. VII. 79 u. a. = ZollTG.

G. betr. die Bekämpfung gemeingefährlicher Krankheiten v. 30. VI. 00 = SeuchenG.

Bau-Unfall-Versicherungsgesetz v. 11. VII. 87/30. VI. 00, neue Fassung v. 5. VII. 00 = BauUV(ers)G.
G. betr. Abänderung der Unfallversicherungsgesetze v. 30. VI. 00, neue Fassung vom 5. VII. 00 = UV(ers)AbG.
G. über die eingeschriebenen Hilfskassen v. 7. IV. 76 = HilfsKG.
G. betr. die Krankenversicherung der in land- und forstwirtschaftlichen Betrieben beschäftigten Personen v. 5. V. 86 = LwKrankV(ers)G.
G. betr. Unfallfürsorge für Gefangene v. 30. VI. 00. = GefangUFürsG.
G. über die privaten Versicherungsunternehmungen v. 12. V. 01 = PrivV(ers)UntG.
Gewerbe-Unfallversicherungsgesetz v. 6. VII. 84, 30. I. 00, neue Fassung vom 5. VII. 00 = GewUV(ers)G.
Unfallfürsorgegesetz für Beamte und für Personen des Soldatenstandes v. 18. VI. 01 = BeamtenUFürsG.
Unfallversicherungsgesetz für Land- und Forstwirtschaft v. 5. V. 86, 30. VI. 00, neue Fassung v. 5. VII. 00 = LwUV(ers)G.
See-Unfallversicherungsgesetz v. 11. VII. 87, 30. VI. 00, neue Fassung v. 5. VII. 00 = SeeUV(ers)G.
Invalidenversicherungsgesetz v. 13. VII. 89, neue Fassung vom 19. VII. 99 = InvV(ers)G.
Krankenversicherungsgesetz v. 10. IV. 92 = KrankV(ers)G., KVG.

G. betr. die Pensionierung und Versorgung der Militärpersonen des Reichsheeres und der kaiserlichen Marine sowie die Bewilligungen für die Hinterbliebenen solcher Personen v. 27. VI. 71 = MilPensG.
G. betr. Versorgung der Kriegsinvaliden und der Kriegshinterbliebenen v. 31. V. 01 = KriegsInvG.
Reichsmilitärgesetz v. 2. V. 74 = RMilG.
Deutsche Wehrordnung v. 18. II 01 und v. 25. III. 04 = WehrO.

Gewerbeordnung für das Deutsche Reich v. 21. VI. 69, neue Fassung v. 26. VII. 00 = GewO., GO.

Bankgesetz vom 14. III. 75	= BankG.
G. betr. die Ausprägung von Reichsgoldmünzen v. 4. XII. 71	= RGoldmG.
Maß- und Gewichtsordnung v. 17. VIII. 68	= MaßO.
Münzgesetz v. 9. VII. 73	= MünzG.

Eisenbahnbetriebs-Ordnung v. 5. VII. 92	= EisenbBetrO.
G. üb. d. Postwesen d. Deutschen Reiches v. 28. X. 71	= PostG.
G. über das Telegraphenwesen des Deutschen Reiches v. 6. IV. 92	= TelG.
G. betr. die Untersuchung v. Seeunfällen v. 27. VII. 77	= SeeunfUntersG.
Postordnung für das Deutsche Reich v. 20. III. 00	= PostO.
Telegraphen-Ordnung f. das Deutsche Reich v. 9. VI. 97	= TelO.
Telegraphenwege-Gesetz v. 18. XII. 99	= TelWG.

G. über die Konsulargerichtsbarkeit v. 7. V. 00	= KonsGG.
G. betr. die Organisation der Bundeskonsulate, sowie die Amtsrechte und Pflichten der Bundeskonsuln v. 8. XI. 67	= KonsOG.
G. betr. die kaiserlichen Schutztruppen in den afrikanischen Schutzgebieten und die Wehrpflicht daselbst v. 7. VII. 96	= SchutztrG.
Schutzgebietsgesetz v. 25. VII. 00	= SchutzgebG.

Völkerrecht und Internationales Recht.

Abkommen zur Regelung von Fragen des international. Privatrechts v. 14. XI. 96 (RGBl. 99, 285)	= HaagProzeßAbk.
Abkommen zur Regelung des Geltungsbereichs der Gesetze auf dem Gebiete der Eheschließung vom 12. VI. 02 (RGBl. 04, 221)	= HaagEheschlAbk.
Abkommmen zur Regelung des Geltungsbereichs der Gesetze und der Gerichtsbarkeit auf dem Gebiete der Ehescheidung und der Trennung von Tisch u. Bett v. 12. VI. 02 (RGBl. 04, 231)	= HaagEhescheidAbk.
Abkommen zur Regelung der Vormundschaft über Minderjährige v. 12. VI. 02 (RGBl. 04, 240)	= HaagVormundschAbk.
Internationale Reblaus-Konvention vom 3. XI. 81	= IntReblKonv.
Internationale Sanitätskonvention vom 3. IV. 94	= IntSanitKonv.
Internationales Übereinkommen über den Eisenbahnfrachtverkehr v. 14. X. 90	= BernFrachtÜb.

Übereinkunft betr. die Bildung eines internationalen Verbandes zum Schutze von Werken der Literatur und Kunst v. 9. IX. 86 = BernKonv.
Vertrag zwischen dem Deutschen Reiche und mehreren anderen Staaten über die Behandlung des Zuckers v. 5. III. 02 = ZuckerVt.
Weltpostvertrag v. 15. VI. 97 = WPostVt.

Rechtsprechung.

Die Bezeichnung der Rechtspflegeorgane erfolgt durch Buchstabengruppen.

Anwaltskammer	= AK.
Amtsgericht	= AG.
Aufsichtsamt für die privaten Versicherungsunternehmungen	= APrivVers., APV.
Bundesamt für das Heimatwesen	= BAH.
Ehrengerichtshof	= EGH.
Gewerbegericht	= GewG., GG.
Kammergericht	= KG.
Kaufmannsgericht	= KfmG.
Kriegsgericht	= KrG.
Landgericht	= LG.
Notar	= Not.
Oberkriegsgericht	= OKrG.
Oberlandesgericht	= OLG.
Ober-Militär-Anwalt	= OMA.
Ober-Reichs-Anwalt	= ORA.
Oberstes Landesgericht	= ObLG.
Ober-Seeamt	= OSeeA.
Obertribunal	= OTr.
Oberverwaltungsgericht	= OVG.
Patentamt	= PatA., PA.
Rechtsanwalt	= RA.
Reichsgericht	= RG.
Reichsmilitärgericht	= RMG.
Reichs-Oberhandelsgericht	= ROHG.
Reichsversicherungsamt	= RVA.
Seeamt	= SeeA.
Staatsanwalt, Staatsanwaltschaft	= StA.
Verwaltungsgerichtshof	= VGH.

Beispiele:

Entscheidung des Amtsgerichts in Darmstadt vom 15. August 1898 = AG. Darmstadt 15. VIII. 98.

Entscheidungen des Reichsgerichts in Strafsachen, Band 18, Seite 300, = RGSt. 18, 300 oder **18** 300.

Sind weitere Zusätze ausnahmsweise erforderlich, so sind die Abteilungen eines Gerichtes durch geeignete ähnliche Abkürzungen und Ziffern zu bezeichnen, z. B.:

Zweite Zivilkammer	= ZK II.
Dritte Kammer für Handelssachen	= KH III.
Erste Strafkammer	= StK I.
Ferienkammer	= FK.
Feriensenat	= FS.
Vereinigte Zivilsenate	= VerZS., VZS.
Vereinigte Strafsenate	= VerStS., VStS.
Vereinigte Zivil- und Strafsenate	= Pl.

Literarische Veröffentlichungen.

Einzelschriften.

Beim Zitieren von Kommentaren ist der Name des Verfassers, die einschlägige Gesetzesstelle nebst Zahl und Buchstaben der Anmerkung anzugeben. Erforderlichenfalls ist auch die Seitenzahl beizufügen.

Sammelwerke, Verhandlungen von Körperschaften, Zeitschriften.

I. Beim Zitieren aus Sammelwerken ist der Verfassername, die Bezeichnung des Gesetzentwurfes, der Rechtsquelle, der Entscheidung nach obigen Grundsätzen gekürzt voranzustellen und mit dem Zitat des Sammelwerks usw. durch Hinzufügung der Präposition „in" oder „bei" zu verbinden. Beim Zitieren des Sammelwerks selbst ist seine sachliche Bezeichnung, zu Unterscheidungszwecken auch der Herausgebername anzuführen, z. B.:

Brunner in Endemanns Handbuch = Brunner im Handbuch des Handelsrechts, herausgegeben von Endemann.

II. Für das Zitieren der Verhandlungen von Körperschaften und dergl., z. B. der Landtage, Handelstage, Handelskammern, wissenschaftlichen Kongresse, der Kommissionen der Parlamente und ihrer Berichte können in Betracht kommen:

der Name der Körperschaft, der Name des Veröffentlichungsorgans, die Jahrgangs- oder Bandzahl, die Nummer der Drucksache, die Seiten- oder Spaltenzahl.

Die Zahl der Tagungsperiode (Legislaturperiode, Session) anzugeben ist regelmäßig entbehrlich und nur dann erforderlich, wenn mehrere Sessionen in demselben Jahre stattgefunden haben, die Bezeichnung der Session durch Hinzufügung der Jahreszahl allein aber nicht genau genug erfolgen kann.

Dabei ist der Name der Körperschaft als Einheit zu betrachten und abgekürzt voranzustellen.

Erforderlichenfalls ist ausdrücklich anzugeben, ob das Zitat einer Drucksache aus den Anlagen zu den stenographischen Berichten oder aus einer an die Abgeordneten verteilten Einzeldrucksache entnommen ist, z. B.:

RT. X. LP. Sess. 1900/03 Drucks. 10 Nr. 704a = Drucksachen des Deutschen Reichstages, zehnte Legislaturperiode, Session von 1900/03, Band 10 Nummer 704a.

III. Für das Zitieren von Zeitschriften kommen in Betracht:

der Name der Zeitschrift,

die Zahl des Jahrganges oder des Bandes oder des Beilageheftes oder Ergänzungsbandes, die Abteilungsbezeichnung, z. B. KGJ. **23** A 37 = Jahrbuch für Entscheidungen des Kammergerichts 23. Band Abteilung A Seite 37, und

die Seitenzahl.

Als Name einer Zeitschrift ist in der Regel deren sachliche Bezeichnung, der Name des Herausgebers oder Begründers nur dann für das Zitat zu verwenden, wenn er untrennbarer Bestandteil des Titels geworden ist oder die Übung an der Kennzeichnung der Zeitschrift durch den Namen festhält, z. B.: Iherings Jahrbücher, Seufferts Archiv, Goldschmidts Zeitschrift u. a.

Zeitschriften oder periodische Sammlungen, die von einer Behörde oder von einem Vereine ausgehen, sind, wenn diese nur ein Veröffentlichungsorgan haben, mit dem Namen der Behörde oder der Vereinigung und mit Band- und Seitenzahl ohne alle weiteren Zusätze zu zitieren z. B.: Entscheidungen des Reichsmilitärgerichts 4. Band Seite 15 = RMG. **4** 15 oder 4, 15.

Fällt das Erscheinen einer Zeitschrift mit dem Kalenderjahre zusammen, so kann an die Stelle der Band- oder Jahrgangsbezeichnung die Zahl des Kalenderjahres treten. Dies ist namentlich für die zeitungsähnlichen Unternehmungen zu empfehlen wie JW., DJZ., Recht.

Enthält bei neuen Folgen der Titel auch die fortlaufende Band- oder Jahrgangszahl, so ist nach letzterer zu zitieren und dies auch dann, wenn im Titel der Zeitschrift eine Änderung vorgenommen ist, wie z. B. bei Iherings Jahrbüchern, Gruchots Beiträgen, der Zeitschrift für Rechtsgeschichte.

Abkürzungen zur Bezeichnung verschiedener Arten von Druckschriften.

Abhandlungen	= Abh.
Amtsblatt	= ABl.
Annalen	= Ann.
Anzeiger	= Anz.
Archiv	= Arch., A.
Beitrag, Beiträge	= Beitr.
Blatt, Blätter	= Bl.
Dissertation	= Diss.
Entscheidungen	= Entsch., E.
Gesetzblatt	= GBl.
Handausgabe	= HAusg.
Handbuch	= HB.
Jahrbuch, Jahrbücher, Jahresbericht, Jahresberichte	= J., Jahrb., Jahresb.
Lehrbuch	= Lehrb.
Ministerialblatt	= MBl.
Justizministerialblatt	= JMBl.
Mitteilungen	= Mitt.
Monatsschrift	= MSchr.
Regierungsblatt	= RegBl.
Sammlung	= Samml.
Studien	= Stud.
Verhandlungen	= Vhdl.
Verordnungsblatt	= VBl.
Vierteljahrsschrift	= VJSchr.
Wochenblatt, Wochenschrift	= W.
Zeitschrift, Zeitung	= Z.
Zentralblatt (Centralblatt)	= ZBl., CBl.*

Abkürzungen für Entscheidungs-Sammlungen und periodische Veröffentlichungen.

Sammlungen von Entscheidungen rechtsprechender Behörden.

Annalen der Großherzoglich Badischen Gerichte	= BadAnn.
Annalen des Königl. Sächs. Oberlandesgerichts zu Dresden	= SächsOLG.**
J. A. Seufferts Archiv für Entscheidungen der obersten Gerichte in den deutschen Staaten	= SeuffA.
Entscheidungen in Angelegenheiten der freiwilligen Gerichtsbarkeit und des Grundbuchrechts. Zusammengestellt im Reichs-Justizamte	= RJA.**, EntschFG.
Entscheidungen des Bundesamtes für das Heimatwesen	= BAH.**
Entscheidungen des Ober-Seeamts und der Seeämter des Deutschen Reichs	= OSeeA.**
Entscheidungen des Königl. Preuß. Oberverwaltungsgerichts	= PrOVG.**
Entscheidungen des Königl. Preuß. Oberverwaltungsgerichts in Staatssteuersachen	= PrOVGSt.

*) Je nachdem der Titel die neue oder alte Rechtschreibung aufweist.

**) Mit Band- und Seitenzahl. Sonst bezeichnet die Abkürzung die Behörde.

Die patentamtlichen und gerichtlichen Entscheidungen in Patent-, Marken- und Musterschutzsachen	= PatEntsch.
Entscheidungen des Reichsgerichts. Besondere Beilage zum Deutschen Reichs- und Königl. Preußischen Staats-Anzeiger	= RG.(RAnz.)
Entscheidungen des Reichsgerichts in Zivilsachen	= RGZ.
in zivilrechtlichem Zusammenhange	= RG.*
Entscheidungen des Reichsgerichts in Strafsachen	= RGSt.
in strafrechtlichem Zusammenhange	= RG.*
Entscheidungen des Reichsmilitärgerichts	= RMG.*
Entscheidungen des Reichs-Oberhandelsgerichts	= ROHG.*
Jahrbuch für Entscheidungen des Kammergerichts in Sachen der freiwilligen Gerichtsbarkeit, in Kosten-, Stempel- u. Strafsachen	= KGJ.
Jahrbücher des Königl. Sächs. Oberverwaltungsgerichts	= SächsOVG.*
Die Praxis des Reichsgerichts. Herausgegeben von Bolze	= BolzePr.
Die Rechtsprechung der Oberlandesgerichte. Herausgegeben von Falkmann u. Mugdan	= OLG.*, OLGRspr.
Rechtsprechung des Deutschen Reichsgerichts in Strafsachen	= RGRspr.
Die Rekursentscheidungen des Reichs-Versicherungsamtes als Spruchkollegium in Unfall-Versicherungsangelegenheiten	= RVA.*
Rundschau. Sammlung gerichtlicher Entscheidungen aus dem Bezirke des Oberlandesgerichts Frankfurt am Main	= FrankfRundsch.
Sammlung von Entscheidungen des Obersten Landesgerichts für Bayern in Gegenständen des Zivilrechtes	= BayObLG.*, BayObLGZ.
Sammlung von Entscheidungen des Bayerischen Obersten Landesgerichts in Strafsachen	= BayObLGSt.
Sammlung von Entscheidungen des königl. Oberlandesgerichtes München in Gegenständen des Strafrechtes und Strafprozesses	= OLGMünchenSt.

*) Mit Band- und Seitenzahl. Sonst bezeichnet die Abkürzung die Behörde.

Sammlung von Entscheidungen des Kgl. Bayerischen Verwaltungsgerichtshofes = BayVGH.*

Veröffentlichungen von Vereinigungen.**

Jahrbuch der internationalen Vereinigung für gewerblichen Rechtsschutz = IVGewRSchutz.
Jahrbuch der internationalen Vereinigung für vergleichende Rechtswissenschaft und Volkswirtschaftslehre = IVRVJahrb.
Mitteilungen derselben Vereinigung = IVRVMitt.
Mitteilungen der internationalen kriminalistischen Vereinigung = IKV.
Verhandlungen des Deutschen Juristentages = DJT.
Zeitschrift des rheinpreuß. Amtsrichter-Vereins = RheinARV.
Zeitschrift der Anwaltskammer Breslau = BreslauAK.
Zeitschrift der Anwaltskammer Hamm = HammAK.
Zeitschrift des Deutschen Notarvereins = DNotV.
Zeitung der Anwaltskammer Naumburg = NaumburgAK.

Zeitschriften.

Allgemeine und kritische Zeitschriften.

Annalen des Deutschen Reichs. Begründet von Hirth = HirthsAnn.
Schleswig-Holsteinische Anzeigen = SchlHolstAnz.
Archiv für das Zivil- und Kriminalrecht der Königl. Preuß. Rheinprovinz (Umschlagtitel: Rheinisches Archiv usw.) = RheinArch.
Württembergisches Archiv für Recht und Rechtsverwaltung = WürttArch.
Archiv für praktische Rechtswissenschaft = ArchPraktRw.
Juristische Blätter = JBl.
J. A. Seufferts Blätter für Rechtsanwendung, zunächst in Bayern = SeuffBl.
Blätter für Rechtspflege in Thüringen u. Anhalt = ThürBl.
Blätter für Rechtspflege im Bezirk des Kammergerichts = KGBl.

---

*) Mit Band- und Seitenzahl. Sonst bezeichnet die Abkürzung die Behörde.

**) Die nachstehenden Abkürzungen, die lediglich aus dem abgekürzten Namen der veröffentlichenden Vereinigung bestehen, sind durch Band- oder Jahrgangs- und Seitenzahl zu ergänzen. Sonst bezeichnet die Abkürzung die Vereinigung.

Oesterreichisches Centralblatt für die juristische Praxis	= OestCBl.
Centralblatt für Rechtswissenschaft	= CBlRw.
Gerichtshalle	= GerH.
Allgemeine österreichische Gerichts-Zeitung	= OestAGZ.
Jahrbücher der württembergischen Rechtspflege	= WürttJ.
Deutsche Juristen-Zeitung	= DJZ.
Deutsche Justiz-Statistik	= DJSt.
Juristisches Literaturblatt	= JLBl.
Mitteilungen aus der Rechtspflege im Gebiete des ehemaligen Kurfürstentums Hessen	= KurhessMitt.
Juristische Monatsschrift für Posen, West- und Ostpreußen und Pommern	= PosJMSchr., PosMSchr.
Das Recht. Rundschau für den Deutschen Juristenstand	= Recht.
Badische Rechtspraxis	= BadRpr.
Hessische Rechtsprechung	= HessRspr.
Kritische Vierteljahresschrift für Gesetzgebung und Rechtswissenschaft	= KrVJSchr.
Juristische Vierteljahresschrift	= JVJSchr.
Juristische Wochenschrift	= JW.
Zeitschrift für Gerichtspraxis und Rechtswissenschaft in Deutschland. Herausgegeben von Stenglein	= StengleinsZ.
Juristische Zeitschrift für das Reichsland Elsaß-Lothringen	= ElsLothZ.
Mecklenburgische Zeitschrift für Rechtspflege und Rechtswissenschaft	= MecklZ.
Zeitschrift für das Privat- und öffentliche Recht der Gegenwart. Herausgegeben von Grünhut .	= GrünhutsZ.
Zeitschrift (der Savigny-Stiftung) für Rechtsgeschichte	= ZRG.
Romanistische Abteilung	= ZRG(R).
Germanistische Abteilung	= ZRG(G).
Zeitschrift für vergleichende Rechtswissenschaft	= ZVerglR.
Zeitschrift für Rechtspflege im Herzogthum Braunschweig	= BraunschwZ.

Bürgerliches Recht und Verfahren.*

Archiv für die civilistische Praxis	= ArchCivPrax.
Archiv für bürgerliches Recht	= ArchBürgR.
Archiv für gewerbliche Rechtspflege	= ArchGewR.
Sächsisches Archiv für bürgerliches Recht und Prozeß	= SächsArch.
Beiträge zur Erläuterung des Deutschen Rechts. Begründet von Gruchot	= GruchotsBeitr.
Blätter für Genossenschaftswesen	= BlGenossW.
Centralblatt für freiwillige Gerichtsbarkeit und Notariat sowie Zwangsversteigerung	= CBlFG. (ZBlFG.)
Eisenbahnrechtliche Entscheidungen und Abhandlungen. Herausgegeben von Eger	= EisenbE.
Deutsche Gerichtsvollzieher-Zeitung	= GVollzZ.
Hanseatische Gerichtszeitung	= HansGZ.
Gewerbearchiv	= GewArch.
Das Gewerbegericht	= GewG., GG.
Jahrbuch des Deutschen Rechtes. Herausgegeben von Neumann	= JDR.
Jherings Jahrbücher für die Dogmatik des bürgerlichen Rechts	= JheringsJ.
Monatsschrift für Handelsrecht und Bankwesen, Steuer- und Stempelfragen. Herausgegeben von Holdheim	= HoldheimsMSchr.
Deutsche Notariats-Zeitung	= DNotZ.
Notariats-Zeitschrift für Elsaß-Lothringen	= ElsLothNotZ.
Gewerblicher Rechtsschutz und Urheberrecht	= GewRschutz.
Wochenschrift für Aktienrecht usw. Herausgegeben von Holdheim	= HoldheimsW.
Zeitschrift für Bergrecht	= ZBergr.
Zeitschrift für die freiwillige Gerichtsbarkeit und die Gemeindeverwaltung in Württemberg	= WürttZ.
Zeitschrift für das gesamte Handelsrecht. Begründet von Goldschmidt	= GoldschmidtsZ., ZHR.
Zeitschrift für das Notariat. Herausgegeben von dem Verein für das Notariat in Rheinpreußen	= RheinNotZ.

---

*) Versicherungsrecht siehe unter Verwaltungsrecht.

Zeitschrift für das bayerische Notariat und für die freiwillige Rechtspflege der Gerichte in Bayern	= BayNotZ.
Zeitschrift des deutschen Notarvereins	= DNotV.
Zeitschrift für deutsches bürgerliches Recht und französisches Zivilrecht. Begründet von Puchelt	= PucheltsZ.
Zeitschrift über Vollstreckungsrecht und Zustellungswesen	= ZVollstrR.
Zeitschrift für deutschen Zivilprozeß. Begründet von Busch	= BuschsZ., ZZP.

Strafrecht und Strafverfahren.

Archiv für Kriminalanthropologie und Kriminalistik	= ArchKrimAnthr.
Archiv für Strafrecht und Strafprozeß. Begründet von Goltdammer	= GoltdArch.
Blätter für Gefängniskunde	= BlGefängnK.
Der Gerichtssaal	= GerS., GS.
Monatsschrift für Kriminalpsychologie und Strafrechtsreform	= MSchrKrimPsych.
Kriminalstatistik. Bearbeitet im Reichs-Justizamt und im Kaiserlichen Statistischen Amt	= KrimStat.
Unlauterer Wettbewerb	= UnlW., UW.
Zeitschrift für die gesamte Strafrechtswissenschaft	= ZStW.

Staats-, Verwaltungs- und Kirchenrecht.

Archiv für soziale Gesetzgebung und Statistik	= ArchSozG.
Archiv für katholisches Kirchenrecht	= ArchKathKR.
Archiv für öffentliches Recht	= ArchÖffR.
Archiv für Verwaltungsrecht	= ArchVerwR.
Blätter für administrative Praxis und Polizeigerichtspflege	= BlAdmPr.
Bayerische Gemeinde-Zeitung	= BayGemZ.
Deutsche Gemeinde-Zeitung	= DGemZ.
Jahrbuch für Gesetzgebung, Verwaltung und Volkswirtschaft im Deutschen Reich. Herausgegeben von Schmoller	= SchmollersJ.
Jahrbuch der preußischen Forst- und Jagd-Gesetzgebung	= JPrForstJG.
Jahrbücher für Nationalökonomie. Begründet von B. Hildebrand. Herausgegeben von Conrad	= ConradsJ.

Soziale Praxis	= SozPr.
Reichs-Arbeitsblatt	= RArbBl.
Das Staatsarchiv	= StaatsA.
Der Standesbeamte	= StandesB., StB.
Preußische Statistik	= PrStat.
Statistik des Deutschen Reichs	= RStat.
Verwaltungsarchiv	= VerwArch.
Preußisches Verwaltungsblatt	= PrVerwBl.
Vierteljahreshefte zur Statistik des Deutschen Reichs	= RStatVJH.
Zeitschrift des königlich bayerischen statistischen Bureaus	= ZBayStatB.
Zeitschrift des königlich preußischen statistischen Bureaus	= ZPrStatB.
Zeitschrift des königlich sächsischen statistischen Bureaus	= ZSächsStatB.
Zeitschrift für die freiwillige Gerichtsbarkeit und die Gemeindeverwaltung in Württemberg	= WürttZ.
Deutsche Zeitschrift für Kirchenrecht	= ZKirchR.
Zeitschrift für Versicherungsrecht und Wissenschaft	= ZVersR.
Zeitschrift für Versicherungswesen	= ZVersWes.
Zeitschrift für die gesamte Versicherungswissenschaft	= ZVersWiss.
Österreichische Zeitschrift für Verwaltung	= ÖstZVerw.
Dr. Fischers Zeitschrift für Praxis und Gesetzgebung der Verwaltung, zunächst für das Königreich Sachsen	= FischersZ.
Zeitschrift für die gesamte Staatswissenschaft	= ZStaatsw.
Zeitschrift für badische Verwaltung und Verwaltungs-Rechtspflege	= BadVerwZ.
Zeitschrift für Volkswirtschaft, Sozialpolitik und Verwaltung	= ZVolksw.

Völkerrecht und Internationales Recht.

Zeitschrift für internationales Privat- und öffentliches Recht. Begründet von Böhm	= BöhmsZ.

Alphabetisches Verzeichnis der Abkürzungen.

A.

A. (Arch.)	= Archiv.
AbG.	= Abänderungsgesetz.
Abh.	= Abhandlungen.
Abk.	= Abkommen.
ABl.	= Amtsblatt.
Abs.	= Absatz.
AbzG.	= G. betr. die Abzahlungsgeschäfte v. 18. V. 94.
AG.	= Amtsgericht. Ausführungsgesetz.
AK.	= Anwaltskammer.
Altenb.	= Sachsen-Altenburg.
AnfG.	= G. betr. die Anfechtung von Rechtshandlungen eines Schuldners außerhalb des Konkursverfahrens v. 21. VII. 1879, neue Fassung v. 20. V. 98.
Anh.	= Anhalt.
Ann.	= Annalen.
Anw.	= Anweisung.
Anz.	= Anzeiger.
APrivVers. (APV.)	= Aufsichtsamt für die privaten Versicherungsunternehmungen und dessen Entscheidungen.
Arch. (A.)	= Archiv.
ArchBürgR.	= Archiv für bürgerliches Recht.
ArchCivPrax.	= Archiv für civilistische Praxis.
ArchGewR.	= Archiv für gewerbliche Rechtspflege.
ArchKathKR.	= Archiv für katholisches Kirchenrecht.
ArchKrimAnthr.	= Archiv für Kriminalanthropologie und Kriminalistik.
ArchÖffR.	= Archiv für öffentliches Recht.
ArchPraktRw.	= Archiv für praktische Rechtswissenschaft.
ArchSozG.	= Archiv für soziale Gesetzgebung und Statistik.
ArchVerwR.	= Archiv für Verwaltungsrecht.
Art. (Artt.)	= Artikel.
AuslPStG.	= G. betr. die Eheschließung und die Beurkundung des Personenstandes von Bundesangehörigen im Auslande v. 4. V. 70.
AuslVt.	= Auslieferungs-Vertrag.
AuswA.	= Auswärtiges Amt.
AuswG.	= G. über das Auswanderungswesen v. 9. VII. 97.
AVBl.	= Armee-Verordnungs-Blatt.
AVf.	= Allgemeine Verfügung.

B.

B. (Ber.) = Bericht.

Bad. = Baden.

BadAnn. = Annalen der Großherzoglich Badischen Gerichte.

BadRpr. = Badische Rechtspraxis.

BadVerwZ. = Zeitschrift für badische Verwaltung und Verwaltungs-Rechtspflege.

BAH. = Bundesamt für das Heimatwesen u. dessen Entscheidungen.

BankG. = Bankgesetz vom 14. III. 75.

BauUV(ers)G. = Bau-Unfall-Versicherungsgesetz v. 11. VII. 87/30. VI. 00, neue Fassung vom 5. VII. 00.

Bay. = Bayern.

BayGemZ. = Bayerische Gemeinde-Zeitung.

BayNotZ. = Zeitschrift für das bayerische Notariat und für die freiwillige Rechtspflege der Gerichte in Bayern.

BayObLG. = Oberstes Landesgericht in Bayern oder Bayerisches Oberstes Landesgericht, je nach dem Zusammenhange: in Zivil- oder Strafsachen.

BayObLGZ. = Sammlung von Entscheidungen des Obersten Landesgerichts in Bayern in Gegenständen des Zivilrechtes.

BayObLGSt. = Sammlung von Entscheidungen des Bayerischen Obersten Landesgerichts in Strafsachen.

BayVGH. = Sammlung von Entscheidungen des Kgl. Bayerischen Verwaltungsgerichtshofes.

BeamtUFürsG. = Unfallfürsorgegesetz für Beamte und für Personen des Soldatenstandes vom 18. VI. 01.

Begr. (Bgr.) = Begründung.

Beitr. = Beitrag.

Bek. (Bk.) = Bekanntmachung.

Ber. (B.) = Bericht.

BernFrachtÜb. = Internationales Übereinkommen über den Eisenbahnfrachtverkehr v. 14. X. 90.

BernKonv. = Übereinkunft betr. die Bildung eines internationalen Verbandes zum Schutze von Werken der Literatur und Kunst v. 9. IX. 86.

Beschl. (Bschl.) = Beschluß.

BetrO. = Betriebsordnung.

BGB. = Bürgerliches Gesetzbuch v. 18. VIII. 96.

BGBl. = Bundesgesetzblatt.

Bgr. (Begr.) = Begründung.

Bk. (Bek.)	=	Bekanntmachung.
Bl.	=	Blatt, Blätter.
BlAdmPr.	=	Blätter für administrative Praxis u. Polizeigerichtspflege.
BlGefängnK. (BlGefK.)	=	Blätter für Gefängniskunde.
BlGenossW.	=	Blätter für Genossenschaftswesen.
BöhmsZ.	=	Zeitschrift für internationales Privat- und öffentliches Recht. Begründet von Böhm.
BörsG.	=	Börsengesetz v 22. VI. 96.
BolzePr.	=	Die Praxis des Reichsgerichts. Herausgegeben von Bolze.
BR.	=	Bundesrat.
Braunschw.	=	Braunschweig.
BraunschwZ.	=	Zeitschrift für Rechtspflege im Herzogtum Braunschweig.
Brem.	=	Bremen.
BreslauAK.	=	Zeitschrift der Anwaltskammer Breslau.
BinnenSchG.	=	G. betr. die privatrechtlichen Verhältnisse der Binnenschiffahrt v. 15. VII. 95, neue Fassung v. 20. V. 98.
Bschl. (Beschl.)	=	Beschluß.
BuschsZ. (ZZP.)	=	Zeitschrift für deutschen Zivilprozeß. Begründet von Busch.

C. siehe auch Z.

CBlFG.	=	Centralblatt für freiwillige Gerichtsbarkeit und Notariat sowie Zwangsversteigerung.
CBlRw.	=	Centralblatt für Rechtswissenschaft.
ConradsJ.	=	Jahrbücher für Nationalökonomie. Begründet von B. Hildebrand. Herausgegeben von Conrad.

D.

D.	=	Denkschrift.
DAnw.	=	Dienstanweisung.
DepotG.	=	G. betr. Pflichten der Kaufleute bei Aufbewahrung fremder Wertpapiere v. 5. VII. 96.
DGemZ.	=	Deutsche Gemeinde-Zeitung.
Diss.	=	Dissertation.
DJSt.	=	Deutsche Justiz-Statistik.
DJT.	=	Deutscher Juristentag oder dessen Verhandlungen.
DJZ.	=	Deutsche Juristen-Zeitung.
DNotV.	=	Deutscher Notarverein oder dessen Zeitschrift.
DNotZ.	=	Deutsche Notariats-Zeitung.
DO.	=	Dienstordnung.

E.

E. = Entwurf.
E. (Entsch.) = Entscheidung, Entscheidungen.
EG. = Einführungsgesetz.
EGH. = Ehrengerichtshof.
EisenbBetrO. = Betriebsordnung für die Haupteisenbahnen Deutschlands v. 5. VII. 92.
EisenbE. = Eisenbahnrechtliche Entscheidungen und Abhandlungen. Herausgegeben von Eger.
EisenbVerkO. = Eisenbahn-Verkehrsordnung v. 26. X. 99.
ElsLoth. (EL.) = Elsaß-Lothringen.
ElsLothNotZ. = Notariats-Zeitschrift für Elsaß-Lothringen.
ElsLothZ. = Juristische Zeitschrift für das Reichsland Elsaß-Lothringen.
Entsch. (E.) = Entscheidung, Entscheidungen.
EntschFG. (RJA.) = Entscheidungen in Angelegenheiten der freiwilligen Gerichtsbarkeit und des Grundbuchrechts. Zusammengestellt im Reichs-Justizamte.
Erl. = Erlaß.

F.

FGG. = G. über die Angelegenheiten der freiwilligen Gerichtsbarkeit v. 17. V. 98, neue Fassung vom 20. V. 98.
FischersZ. = Dr. Fischers Zeitschrift für Praxis und Gesetzgebung der Verwaltung, zunächst für das Königreich Sachsen.
FK. = Ferienkammer.
FlößG. = G. betr. die privatrechtlichen Verhältnisse der Flößerei v. 15. VII. 95.
FrankfRundsch. = Rundschau. Sammlung gerichtlicher Entscheidungen aus dem Bezirke des Oberlandesgerichts Frankfurt a. Main.
FreizügG. = Gesetz über die Freizügigkeit v. 1. XI. 67.
FS. = Feriensenat.
FundBk. = Bk. betr. Ausführungsbestimmungen zu den §§ 980, 981, 983 des BGB. (Vorschriften über die in Fundsachen usw. von Reichsbehörden und Reichsanstalten zu erlassenden Bekanntmachungen) vom 16. VI. 98.

G.

G. = Gesetz.
GBl. = Gesetzesblatt.
GBO. = Grundbuchordnung v. 24. III. 97.
GebrMustG. = G. betr. den Schutz von Gebrauchsmustern v. 1. VII. 91.
GefangUFürsG. = G. betr. Unfallfürsorge für Gefangene v. 30. VI. 00.

GenG. = G. betr. die Erwerbs- u. Wirtschaftsgenossenschaften v. 1. V. 89, neue Fassung vom 20. V. 98.
GerH. = Gerichtshalle.
GerS. = Der Gerichtssaal.
GeschAnw. = Geschäftsanweisung.
GeschO. = Geschäftsordnung.
GewArch. = Gewerbearchiv.
GewG. (GG.) = Gewerbegericht, Das Gewerbegericht (Zeitschrift).
GewGG., GGG. = Gewerbegerichtsgesetz v. 29. VII. 90, 30. VI. 01, neue Fassung vom 29. IX. 01.
GewO. (GO.) = Gewerbeordnung für das Deutsche Reich v. 21. VI. 69, neue Fassung vom 26. VII. 00.
GewRschutz = Gewerblicher Rechtsschutz und Urheberrecht.
GewUV(ers)G. = Gewerbe - Unfallversicherungsgesetz v. 6. VII. 84, 30. VI. 00, neue Fassung vom 5. VII. 00.
GG., (GewG.) = Gewerbegericht, Das Gewerbegericht (Zeitschrift).
GGG. (GewGG.) = Gewerbegerichtsgesetz v. 29. VII. 90, 30. VI. 01, neue Fassung vom 29. IX. 01.
GKG. = Gerichtskostengesetz v. 18. VII. 78, neue Fassung v. 20. V. 98.
GmbHG. = G. betr. die Gesellschaften mit beschränkter Haftung v. 20. IV. 92, neue Fassung v. 20. V. 98.
GO. (GewO.) = Gewerbeordnung für das Deutsche Reich v. 21. VI. 69, neue Fassung v. 29. VII. 00.
GoldschmidtsZ. (ZHR.) = Zeitschrift für das gesamte Handelsrecht. Begr. von Goldschmidt.
GoltdArch. = Archiv für Strafrecht und Strafprozeß. Begr. von Goltdammer.
Gotha = Sachsen-Gotha.
GruchotsBeitr. = Beiträge zur Erläuterung des Deutschen Rechts. Begr. von Gruchot.
GrünhutsZ. = Zeitschrift für das Privat- und öffentliche Recht der Gegenwart. Hg. von Grünhut.
GVG. = Gerichtsverfassungsgesetz v. 27. I. 77, neue Fassung v. 20. V. 98.
GVGebO. = Gebührenordnung für Gerichtsvollzieher v. 24. VI. 78 neue Fassung v. 20. V. 98.
GVollzZ. = Deutsche Gerichtsvollzieher-Zeitung.

H.

HaagEhescheidAbk. = Abkommen zur Regelung des Geltungsbereichs und der Gerichtsbarkeit auf dem Gebiete der Ehescheidung und der Trennung von Tisch und Bett v. 12. VI. 02.

HaagEheschlAbk.	=	Abkommen zur Regelung des Geltungsbereichs der Gesetze auf dem Gebiete d. Eheschließung v. 12. VI. 04.
HaagProzeßAbk.	=	Abkommen zur Regelung von Fragen des internationalen Privatrechts v. 14. XI. 96.
HaagVormundschAbk.	=	Abkommen zur Regelung der Vormundschaft über Minderjährige v. 12. VI. 04.
HAusg.	=	Handausgabe.
HB.	=	Handbuch.
HaftpflG.	=	G. betr. die Verbindlichkeit zum Schadensersatze für die bei dem Betriebe v. Eisenbahnen usw. herbeigeführten Tötungen und Körperverletzungen v. 7. VI. 71.
Hamb.	=	Hamburg.
HammAK.	=	Zeitschrift der Anwaltskammer Hamm.
HansGZ.	=	Hanseatische Gerichtszeitung.
HdlVt.	=	Handelsvertrag.
Hess.	=	Hessen.
HessRspr.	=	Hessische Rechtsprechung.
HGB.	=	Handelsgesetzbuch v. 10. V. 97.
HirthsAnn.	=	Annalen des Deutschen Reichs. Begründet von Hirth.
HoldheimsMSchr.	=	Monatsschrift für Handelsrecht und Bankwesen, Steuer- und Stempelfragen. Hg. von Holdheim.
HoldheimsW.	=	Wochenschrift für Aktienrecht usw. Hg. von Holdheim.
HülfskG.	=	G. über die eingeschriebenen Hülfskassen v. 7. VI. 76.
HypBankG.	=	Hypothekenbankgesetz v. 13. VII. 99.

J.

J. (Jahrb).	=	Jahrbuch, Jahrbücher, Jahresbericht, Jahresberichte.
JBl.	=	Juristische Blätter.
JDR.	=	Jahrbuch des Deutschen Rechtes. Hg. von Neumann.
JheringsJ.	=	Jherings Jahrbücher für die Dogmatik des bürgerlichen Rechts.
JKV.	=	Mitteilungen der internationalen kriminalistischen Vereinigung oder deren Mitteilungen.
JLBl.	=	Juristisches Literaturblatt.
JMBl.	=	Justizministerialblatt.
Instr.	=	Instruktion.
IntReblKonv.	=	Internationale Reblaus-Konvention v. 3. X. 81.
IntSanKonv.	=	Internationale Sanitätskonvention vom 3. IV. 94.
InvV(ers)G.	=	Invalidenversicherungsgesetz v. 13. VII. 89, neue Fassung vom 19. VII. 99.
JPrForstJG.	=	Jahrbuch der preußischen Forst- und Jagd-Gesetzgebung.

IVGewRSchutz.	= Internationale Vereinigung für gewerblichen Rechtsschutz oder deren Jahrbuch.
IVJSchr.	= Juristische Vierteljahresschrift.
IVRV.	= Internationale Vereinigung für vergleichende Rechtswissenschaft und Volkswirtschaftslehre.
IVRVJahrb.	= Jahrbuch der Internationalen Vereinigung für vergleichende Rechtswissenschaft und Volkswirtschaftslehre.
IVRVMitt.	= Mitteilungen der Internationalen Vereinigung für vergleichende Rechtswissenschaft und Volkswirtschaftslehre.
JW.	= Juristische Wochenschrift.

K.

KBl.	= Deutsches Kolonialblatt.
KfmG.	= Kaufmannsgericht.
KfmGG. (KGG.)	= G. betr. Kaufmannsgerichte v. 6. VII. 04.
KG.	= Kammergericht.
KGBl.	= Blätter für Rechtspflege im Bezirk des Kammergerichts.
KGG. (KfmGG.)	= G. betr. Kaufmannsgerichte v. 6. VII. 04.
KGJ.	= Jahrbuch für Entscheidungen des Kammergerichts in Sachen der freiwilligen Gerichtsbarkeit in Kosten-, Stempel- und Strafsachen.
KH.	= Kammer für Handelssachen.
KO.	= Konkursordnung v. 10. II. 77, neue Fassung vom 20. V. 98.
Kob.	= Sachsen-Koburg.
KommB.	= Kommissionsbericht.
KonsGG.	= G. über die Konsulargerichtsbarkeit v. 7. V. 00.
KonsOG.	= G. betr. die Organisation der Bundeskonsulate, sowie die Amtsrechte und Pflichten der Bundeskonsuln v. 8. XI. 67.
KonsVt.	= Konsularvertrag.
Konv.	= Konvention.
KrankV(ers)G.	= Krankenversicherungsgesetz v. 10. IV. 92.
KrG.	= Kriegsgericht.
KriegsInvG.	= G. betr. Versorgung der Kriegsinvaliden und der Kriegshinterbliebenen v. 31. V. 01.
KrimStat.	= Kriminalstatistik. Bearbeitet im Reichs-Justizamt und im Kaiserlichen Statistischen Amt.
KrVJSchr.	= Kritische Vierteljahresschrift für Gesetzgebung und Rechtswissenschaft.
KStatA.	= Kaiserliches Statistisches Amt.
KunstUrhG.	= G. betr. das Urheberrecht an Werken der bildenden Künste v. 9. I. 76.
KurhessMitt.	= Mitteilungen aus der Rechtspflege im Gebiete des ehemaligen Kurfürstentums Hessen.

L.

Lehrb. = Lehrbuch.
LG. = Landgericht.
LitUrhG. = G. betr. das Urheberrecht an Werken der Literatur und der Tonkunst v. 19. VII. 01.
LohnBG. = G. betr. die Beschlagnahme des Arbeits- oder Dienstlohnes v. 21. VI. 69.
Lüb. = Lübeck.
LwKrankV(ers)G. = G. betr. die Krankenversicherung der in land- und forstwirtschaftlichen Betrieben beschäftigten Personen v. 5. V. 86.
LwUV(ers)G. = Unfallversicherungsgesetz für Land- und Forstwirtschaft v. 5. V. 86, 30. VI. 00, neue Fassung v. 5. VII. 00.

M.

M. = Motive.
MaßO. = Maß- und Gewichtsordnung v. 17. VIII. 68.
MBl. = Ministerialblatt.
MecklSchw. = Mecklenburg-Schwerin.
MecklStr. = Mecklenburg-Strelitz.
MecklZ. = Mecklenburgische Zeitschrift für Rechtspflege und Rechtswissenschaft.
Mein. = Sachsen-Meiningen.
MilPensG. = G. betr. die Pensionierung und Versorgung der Militärpersonen usw. v. 27. VI. 71.
Mitt. = Mitteilungen.
Mot. = Motive.
MSchr. = Monatsschrift.
MSchrKrimPsych. = Monatsschrift für Kriminalpsychologie und Strafrechtsreform.
MStGB. = Militärstrafgesetzbuch für das Deutsche Reich v. 20. VI. 72.
MStGO. = Militärstrafgerichtsordnung v. 1. XII. 98.
MündelgBk. = Bk. betr. die Anlegung von Mündelgeld in verbrieften Forderungen gegen inländische kommunale Körperschaften usw. v. 7. VII. 01.
MünzG. = Münzgesetz v. 9. VII. 75.
MustG. = G. betr. das Urheberrecht an Mustern und Modellen v. 11. I. 76.
MVBl. = Marine-Verordnungsblatt.

N.

NahrMittelG. = G. betr. den Verkehr mit Nahrungsmitteln, Genuß-
(NMG.) mitteln und Gebrauchsgegenständen v. 14. V. 79.
NaumburgAK. = Zeitung der Anwaltskammer Naumburg.
NMG. siehe NahrMittelG.
Not. = Notar.
Nr. = Nummer.

O.

O. = Ordnung.
ObLG. = Oberstes Landesgericht.
OestAGZ. = Allgemeine Oesterreichische Gerichts-Zeitung.
OestCBl. = Oesterreichisches Centralblatt für die juristische Praxis.
OKrG. = Oberkriegsgericht.
Old. = Oldenburg.
OLG. = Oberlandesgericht.
OLG. (mit Band- und Seitenzahl) oder OLGRspr. = Die Rechtsprechung der Oberlandesgerichte. Herausgegeben von Falkmann und Mugdan.
OLGMünchenSt. = Sammlung von Entscheidungen des königl. Oberlandesgerichtes München in Gegenständen des Strafrechtes und Strafprozesses.
OSeeA. = Ober-Seeamt und dessen Entscheidungen.
OMA. = Ober-Militär-Anwalt.
ORA. = Ober-Reichs-Anwalt.
OTr. = Obertribunal.
OVG. = Oberverwaltungsgericht und dessen Entscheidungen.

P.

PatA. (PA.) = Patentamt.
PatAnwG. = G. betr. die Patentanwälte v. 21. V. 90.
PatEntsch. = Die patentamtlichen und gerichtlichen Entscheidungen in Patent-, Marken- und Musterschutzsachen.
PatG. = Patentgesetz v. 7. IV. 91.
PatMustZeichBl. (PMZBl.) = Blatt für Patent-, Muster- und Zeichenwesen.
PBl. = Patentblatt.
PhotG. = G. betr. den Schutz der Photographien gegen unbefugte Nachbildung v. 10. I. 75.
Pl. = Vereinigte Zivil- und Strafsenate.

PMZBl. (PatMustZeichBl). = Blatt für Patent-, Muster- und Zeichenwesen.

PosMSchr. = Juristische Monatsschrift für Posen, West- und Ostpreußen und Pommern.

PostG. = G. über das Postwesen des deutschen Reiches v. 28. X. 71.

PostO. = Postordnung für das Deutsche Reich v. 20. III. 00.

Pr. = Preußen.

Pr. (Prot.) = Protokolle.

PreßG. = G. über die Presse v. 7. V. 74.

PrivV(ers)UntG. = G. über die privaten Versicherungsunternehmungen v. 12. V. 01.

Prot. (Pr.) = Protokolle.

PrOVG. = Preußisches Oberverwaltungsgericht und dessen Entsch.

PrOVGSt. = Entscheidungen des Königl. Preuß. Oberverwaltungsgerichts in Staatssteuersachen.

PrStat. = Preußische Statistik.

PrVerwBl. = Preußisches Verwaltungsblatt.

PStG. = G. über die Beurkundung des Personenstandes und die Eheschließung v. 6. II. 75.

PucheltsZ. = Zeitschrift für deutsches bürgerliches Recht und französisches Zivilrecht. Begründet von Puchelt.

R.

RA. = Rechtsanwalt.

RäL. = Reuß ältere Linie.

RAGebO. (RAGO.) = Gebührenordnung für Rechtsanwälte v. 7. VII. 79, neue Fassung v. 20. V. 98.

RAJ. = Reichsamt des Innern.

RAnz. = Deutscher Reichsanzeiger und Königl. Preußischer Staatsanzeiger.

RAO. = Rechtsanwaltsordnung v. 1. VII. 78.

RArbBl. = Reichs-Arbeitsblatt.

RayG. = G. betr. die Beschränkungen des Grundeigentums in der Umgebung von Festungen v. 21. XII. 71.

RBG. = Gesetz betr. die Rechtsverhältnisse der Reichsbeamten v. 31. III. 73.

RBHinterblG. = G. betr. die Fürsorge für die Wittwen und Waisen der Reichsbeamten der Zivilverwaltung v. 20. IV. 81.

REA. = Reichs-Eisenbahn-Amt.

Recht	=	Das Recht. Rundschau für den Deutschen Juristenstand.
RegBl.	=	Regierungsblatt.
Regl. (Rgl.)	=	Reglement, Regulativ.
RG.	=	Reichsgericht und dessen Entscheidungen (je nach dem Zusammenhange: in Zivil- oder Strafsachen; wo der Zusammenhang Zweifel läßt, ist RGZ. oder RGSt. zu verwenden).
RG. (RAnz.)	=	Entscheidungen des Reichsgerichts. Besondere Beilage zum Deutschen Reichs- und Kgl. Preußischen Staats-Anzeiger.
RGBl.	=	Reichsgesetzblatt.
Rgl.	=	Reglement, Regulativ.
RGoldmG.	=	G. betr. die Ausprägung von Reichsgoldmünzen vom 4. XII. 71.
RGRspr.	=	Rechtsprechung des Deutschen Reichsgerichts in Strafsachen.
RGSt.*	=	Entscheidungen des Reichsgerichts in Strafsachen.
RGZ.*	=	Entscheidungen des Reichsgerichts in Zivilsachen.
RheinArch.	=	Archiv für das Zivil- und Kriminalrecht der Königl. Preuß. Rheinprovinz. (Umschlagstitel: Rheinisches Archiv usw.).
RheinARV.	=	Rheinpreuß. Amtsrichter-Verein oder dessen Zeitschrift.
RheinNotZ.	=	Zeitschrift für das Notariat. Herausgegeben von dem Verein für das Notariat in Rheinpreußen.
RJA.	=	Reichs-Justizamt.
RJA. (mit Band- und Seitenzahl.)	=	Entscheidungen in Angelegenheiten der freiwilligen Gerichtsbarkeit und des Grundbuchrechts. Zusammengestellt im Reichs-Justizamte.
RjL.	=	Reuß jüngere Linie.
RK.	=	Reichskanzler.
RKassSchG.	=	Reichskassenscheingesetz.
RMA.	=	Reichs-Marine-Amt.
RMG.	=	Reichsmilitärgericht und dessen Entscheidungen.
RMilG.	=	Reichsmilitärgesetz v. 2. V. 74.
ROHG.	=	Reichs-Oberhandelsgericht und dessen Entscheidungen.
RPA.	=	Reichs-Postamt.
RPostABl.	=	Amtsblatt des Reichs-Postamts.
RSchA.	=	Reichsschatzamt.
RStat.	=	Statistik des Deutschen Reichs.
RStatVJH.	=	Vierteljahrshefte zur Statistik des Deutschen Reichs.

*) Wo der Zusammenhang keinen Zweifel läßt, genügt „RG".

RStempG. = Reichsstempelgesetz v. 27. IV. 94, neue Fassung v. 14. VI. 00.
RT. = Reichstag.
RTWahlG. = Wahlgesetz für den Deutschen Reichstag v. 31. V. 69.
RV. = G. betr. Verfassung des Deutschen Reichs v. 16. IV. 71.
RVA. = Reichs-Versicherungs-Amt und dessen Rekursentscheidungen.
RVANachr. = Nachrichten des Reichs-Versicherungsamts.
RZBl. = Zentralblatt für das Deutsche Reich.

S.

Sachs. = Sachsen.
SächsArch. = Sächsisches Archiv für bürgerliches Recht und Prozeß.
SächsOLG. = Annalen des Königl. Sächs. Oberlandesgerichts zu Dresden.
SächsOVG. = Sächsisches Oberverwaltungsgericht und dessen Jahrbücher.
Samml. = Sammlung.
SchL. = Schaumburg-Lippe.
SchlHolstAnz. = Schleswig-Holsteinische Anzeigen.
Schmollers J. = Jahrbuch für Gesetzgebung, Verwaltung und Volkswirtschaft im Deutschen Reich. Herausgegeben von Schmoller.
SchutzgebG. = Schutzgebietsgesetz v. 25. VII. 00.
SchutztrG. = G. betr. die kaiserlichen Schutztruppen in den afrikanischen Schutzgebieten und die Wehrpflicht daselbst v. 7. VII. 96.
SchwR. = Schwarzburg-Rudolstadt.
SchwS. = Schwarzburg-Sondershausen.
SeeA. = Seeamt.
SeemO. = Seemannsordnung v. 2. VI. 02.
SeeUnfUntersG. = G. betreffend die Untersuchung von Seeunfällen v. 27. VII. 77.
SeeUV(ers)G. = See-Unfallversicherungsgesetz v. 11. VII. 87, 30. VI. 00, neue Fassung v. 5. VII. 00.
ServisTG. = G. betr. den Servistarif und die Klasseneinteilung der Orte v. 6. VII. 04.
SeuchenG. = G. betr. die Bekämpfung gemeingefährlicher Krankheiten v. 30. VI. 00.
SeuffA. = J. A. Seufferts Archiv für Entscheidungen der obersten Gerichte in den deutschen Staaten.

SeuffBl. = J. A. Seufferts Blätter für Rechtsanwendung, zunächst in Bayern.
SozPr. = Soziale Praxis.
SpionG. = G. gegen den Verrat militärischer Geheimnisse v. 3. VII. 93.
SprengstG. = G. gegen den verbrecherischen und gemeingefährlichen Gebrauch von Sprengstoffen v. 9. VI. 84.

St.

StA. = Staatsanwalt, Staatsanwaltschaft.
StaatsA. = Das Staatsarchiv.
StAG. (StAngG.) = G. über die Erwerbung und den Verlust der Bundes- und Staatsangehörigkeit v. 1. VI. 70.
StandesB. (StB.) = Der Standesbeamte.
StenB. = Stenographischer Bericht.
StengleinsZ. = Zeitschrift für Gerichtspraxis und Rechtswissenschaft in Deutschland. Herausgegeben von Stenglein.
StGB. = Strafgesetzbuch vom 15. V. 71, neue Fassung v. 26. II. 76.
StK. = Strafkammer.
StPO. = Strafprozeßordnung vom 1. II. 77.
StrafhEntschG. = G. betr. die Entschädigung der im Wiederaufnahmeverfahren freigesprochenen Personen v. 20. V. 98.
StrandO. = Strandungsordnung v. 17. V. 74.
Stud. = Studien.

T.

TelG. = G. über das Telegraphenwesen des Deutschen Reiches v. 6. IV. 92.
TelO. = Telegraphen-Ordnung für das Deutsche Reich v. 9. VI. 97.
TelWG. = Telegraphenwege-Gesetz vom 18. XII. 99.
ThürBl. = Blätter für Rechtspflege in Thüringen und Anhalt.

U.

UnlW. = Unlauterer Wettbewerb. (Zeitschrift.)
UntersuchEntschG. = G. betr. Entschädigung für unschuldig erlittene Untersuchungshaft v. 14. VII. 04.
UrkBeglG. = Gesetz betr. die Beglaubigung öffentlicher Urkunden v. 1. V. 78.
UV(ers)AbG. = G. betr. Abänderung der Unfallversicherungsgesetze v. 30. VI. 00, neue Fassung v. 5. VII. 00.

UWG. = Gesetz über den Unterstützungswohnsitz v. 6. VI. 70 und v. 12. III. 94.

UWG.* (UnlWG.) = G. zur Bekämpfung des unlauteren Wettbewerbes v. 27. V. 96.

V.

V. (VO.) = Verordnung.

VBl. = Verordnungsblatt.

VerG. = G. betr. das Vereinswesen v. 11. XII. 99.

VerlG. = G. über das Verlagsrecht v. 19. VII. 01.

VerStS. (VStS.) = Vereinigte Strafsenate.

VerwArch. = Verwaltungsarchiv.

VerZS. (VZS.) = Vereinigte Zivilsenate.

Vf. = Verfügung.

VGH. = Verwaltungsgerichtshof.

Vhdl. = Verhandlungen.

ViehmängelV. = V. betr. die Hauptmängel und Gewährfristen beim Viehhandel v. 27. III. 99.

VJSchr. = Vierteljahrsschrift.

VO. (V.) = Verordnung.

VorE. = Vorentwurf.

Vschr. = Vorschrift.

VStS. (VerStS.) = Vereinigte Strafsenate.

Vt. = Vertrag.

VZS. (VerZS.) = Vereinigte Zivilsenate.

W.

W. = Wochenblatt, Wochenschrift.

Wald. = Waldeck.

WarenZG. (WZG.) = G. zum Schutze der Warenbezeichnungen v. 12. V. 94.

WehrO. = Deutsche Wehrordnung v. 18. II. 01 und v. 25. III. 04.

Weim. = Sachsen-Weimar.

WO. = Allgemeine Deutsche Wechselordnung (Einführungsgesetz v. 5. VI. 69).

WPostVt. = Weltpostvertrag v. 15. VI. 97.

WStempG. = G. betr. die Wechselstempelsteuer v. 10. VI. 69.

Württ. = Württemberg.

WürttArch. = Württembergisches Archiv für Recht und Rechtsverwaltung.

WürttJ. = Jahrbücher der württembergischen Rechtspflege.

---

*) Nur anzuwenden, wenn Verwechselung mit dem Gesetz über den Unterstützungswohnsitz ausgeschlossen ist.

WürttZ. = Zeitschrift für die freiwillige Gerichtsbarkeit und die Gemeindeverwaltung in Württemberg.
WZG. = G. zum Schutze der Warenbezeichnungen v. 12. V. 94.

Z. siehe auch **C.**

Z. = Zeitschrift, Zeitung.
ZBayStatB. = Zeitschrift des königlich bayerischen statistischen Büreaus.
ZBergr. = Zeitschrift für Bergrecht.
ZBl. = Zentralblatt.
ZBlFfG. = Zentralblatt für freiwillige Gerichtsbarkeit und Notariat sowie Zwangsversteigerung.
ZGebO.(ZGO.) = Gebührenordnung für Zeugen und Sachverständige v. 30. VI. 78, neue Fassung v. 20. V. 98.
ZHR. (Goldschmidts Z.) = Zeitschrift für das gesamte Handelsrecht.
ZK. = Zivilkammer.
ZKirchR. = Deutsche Zeitschrift für Kirchenrecht.
ZollTG. = Zolltarifgesetz v. 15. VII. 79 u. a.
ZPO. = Civilprozeßordnung v. 30. I. 77, neue Fassung v. 20. V. 98.
ZPrStatB. = Zeitschrift des königlich preußischen statistischen Büreaus.
ZRG. = Zeitschrift (der Savigny-Stiftung) für Rechtsgeschichte.
ZRG(G). = " Germanistische Abteilung.
ZRG(R). = " Romanistische Abteilung.
ZSächsStB. = Zeitschrift des königlich sächsischen statistischen Büreaus.
ZStaatsw. = Zeitschrift für die gesamte Staatswissenschaft.
ZStW. = Zeitschrift für die gesamte Strafrechtswissenschaft.
ZuckerVt. = Vertrag zwischen dem Deutschen Reiche und mehreren anderen Staaten über die Behandlung des Zuckers v. 5. III. 02.
ZVerglR. = Zeitschrift für vergleichende Rechtswissenschaft.
ZVersR. = Zeitschrift für Versicherungsrecht und Wissenschaft.
ZVersWes. = Zeitschrift für Versicherungswesen.
ZVersWiss. = Zeitschrift für die gesamte Versicherungswissenschaft.
ZVG. = G. über die Zwangsversteigerung und die Zwangsverwaltung v. 24. III. 97, neue Fassung v. 20. V. 98.
ZVolksw. = Zeitschrift für Volkswirtschaft, Sozialpolitik und Verwaltung.
ZVollstrR. = Zeitschrift über Vollstreckungsrecht und Zustellungswesen.
ZZP.(BuschsZ.) = Zeitschrift für deutschen Zivilprozeß.

Anhang.

Besondere Abkürzungen für das österreichische Rechtsgebiet.

(Aufgestellt von Ministerialrat **Dr. Hugo Schauer** in Wien.)

I. Abkürzungen für die allgemeine Bezeichnung von Rechtsquellen und deren Materialien.

AE. = Allerhöchste Entschließung.
AV. = Allerhöchste Verordnung.
DchfV. = Durchführungs-Verordnung.
HfD. = Hofdekret.
HKD. = Hofkammerdekret.
HKzD. = Hofkanzleidekret.
KaisV. = Kaiserliche Verordnung.
Kd. = Kundmachung.
P. = Patent.
Res. = Resolution.
StGG. = Staatsgrundgesetz.
StV. = Staatsvertrag.
Üb. = Übereinkommen, Übereinkunft.
ZErl. = Zirkularerlaß.
ZV., ZVD. = Zirkularverordnung.

II. Abkürzungen für die Bezeichnungen von Behörden und Vertretungskörpern.

AH. = Abgeordnetenhaus.
AM. = Ackerbauministerium.
AuswM. = Ministerium des Äußern.
BG. = Bezirksgericht.
BH. = Bezirkshauptmannschaft.
EM. = Eisenbahnministerium.
FM. = Finanzministerium.
HBG. = Bezirksgericht für Handelssachen.
HG. = Handelsgericht.

HH.	=	Herrenhaus.
HK.	=	Handels- und Gewerbekammer.
HM.	=	Handelsministerium.
JM.	=	Justizministerium.
KG.	=	Kreisgericht.
LAussch.	=	Landesausschuß.
LG.	=	Landesgericht.
LR.	=	Landesregierung.
LVM.	=	Landesverteidigungsministerium.
LT.	=	Landtag.
MJ.	=	Ministerium des Innern.
OGH.	=	Oberster Gerichtshof.
RFM.	=	Reichsfinanzministerium.
RKM.	=	Reichskriegsministerium.
Statth.	=	Statthalterei.
UM.	=	Ministerium für Kultus und Unterricht.

III. Abkürzungen für Reichsgesetze.

ABGB.	=	Allgemeines bürgerliches Gesetzbuch.
AllgStaatsbG.	=	Staatsgrundgesetz v. 21. XII. 67, RGBl. Nr. 142 über die allgemeinen Rechte der Staatsbürger.
AnfG.	=	Anfechtungsgesetz v. 16. III. 84, RGBl. Nr. 32.
AO.	=	Advokatenordnung, Gesetz vom 6. VII. 68, RGBl. Nr. 96.
AT.	=	Advokatentarif (Verordnung v. 11. XII. 97, RGBl. Nr. 293).
AusstreitG.	=	Kaiserliches Patent v. 9. VIII. 54, RGBl. Nr. 208, über das gerichtliche Verfahren in Rechtsangelegenheiten außer Streitsachen.
AusverkG.	=	Gesetz v. 16. I. 95, RGBl. Nr. 26, betreffend die Regelung der Ausverkäufe.
AuswG.	=	Gesetz v. 21. I. 97, RGBl. Nr. 27, über strafrechtliche Bestimmungen in Bezug auf das Betreiben der Auswanderungsgeschäfte.
BergG.	=	Berggesetz v. 23. IV. 54, RGBl. Nr. 146.
BörsG.	=	Börsengesetz v. 1. IV. 75, RGBl. Nr. 67.
BriefgehG.	=	Gesetz v. 6. IV. 70, RGBl. Nr. 42, zum Schutze des Brief- und Schriftengeheimnisses.
BruderlG.	=	Bruderladengesetz v. 28. VII. 89, RGBl. Nr. 127.

EisenbBuchG. = Gesetz v. 19. IV. 74, RGBl. Nr. 70, betreffend die Anlegung von Eisenbahnbüchern.

EisenbBetrRgl. = Eisenbahnbetriebsreglement, Verordnung v. 10. XII. 92, RGBl. Nr. 207.

EisenbExprG. = Gesetz v. 18. II. 78, RGBl. Nr. 30, betreffend die Enteignung zum Zwecke der Herstellung und des Betriebes von Eisenbahnen.

EO. = Exekutionsordnung v. 27. V. 96, RGBl. Nr. 78.

EVereitlG. = Gesetz v. 25. V. 83, RGBl. Nr. 78, über strafrechtliche Bestimmungen gegen Vereitlung von Zwangsvollstreckungen.

FischG. = Gesetz v. 25. IV. 85, RGBl. Nr. 58, betreffend die Regelung der Fischerei in den Binnengewässern.

ForstG. = Kaiserliches Patent v. 3. XII. 52, RGBl. Nr. 250.

GBG. = Allgemeines Grundbuchsgesetz v. 25. VII. 71, RGBl. Nr. 95.

GebG. = Gebührengesetz, kaiserliches Patent v. 9. II. 50, RGBl. Nr. 50.

GefStG. = Gefällsstrafgesetz, Patent v. 11. VII. 35, PGS. Bd. 63.

GemG. = Gemeindegesetz v. 5. III. 62, RGBl. Nr. 18.

GenG. = Gesetz über die Erwerbs- und Wirtschaftsgenossenschaften v. 9. IV. 73, RGBl. Nr. 70.

GJ. = Gerichtsinstruktion, kaiserliches Patent v. 3. V. 53, RGBl. Nr. 81.

GeschO. = Geschäftsordnung für die Gerichte I. und II. Instanz (JMV. v. 5. V. 97, RGBl. Nr. 112).

GewGG. (GGG.) = Gewerbegerichtsgesetz v. 27. XI. 96, RGBl. Nr. 218.

GewO. (GO.) = Gewerbeordnung, kaiserliches Patent v. 20. XII. 59, RGBl. Nr. 227.

GewNov. = Gewerbenovelle.

GOG. = Gerichtsorganisationsgesetz v. 27. XI. 96, RGBl. Nr. 217.

HaagAbk. = Abkommen zur Regelung einiger Fragen des internationalen Privatrechts v. 14. XI. 96, RGBl. 99 Nr. 85.

HaftpflG. = Eisenbahnhaftpflichtgesetz v. 5. III. 69, RGBl. Nr. 27.

HGB. = Handelsgesetzbuch v. 17. XII. 62, RGBl. 63 Nr. 1.

HausrR. = Gesetz v. 27. VIII. 62, RGBl. Nr. 88, zum Schutze des Hausrechtes.

HeimG.(63) = Gesetz vom 3. XII. 63, RGBl. Nr. 105, betreffend die Regelung der Heimatsverhältnisse.

HeimG.(96) = Heimatsgesetznovelle, Gesetz v. 5. XII. 96, RGBl. Nr. 222.

HöfeG. = Höfegesetz v. 1. IV. 89, RGBl. Nr. 52.

JN. = Jurisdiktionsnorm v. 1. VIII. 95, RGBl. Nr. 111.

KathKG. = Gesetz v. 7. V. 74, RGBl. Nr. 50, wodurch Bestimmungen zur Regelung der äußeren Rechtsverhältnisse der katholischen Kirche erlassen werden.

KommG. = Gesetz v. 7. VI. 83, RGBl. Nr. 92, betreffend die Zusammenlegung landwirtschaftlicher Grundstücke.

KonsGG. = Gesetz v. 30. VIII. 91, RGBl. Nr. 136, womit Bestimmungen über die Ausübung der Konsulargerichtsbarkeit getroffen werden.

KonsGVerfV. = Verordnung des Gesamtministeriums v. 15. V. 02, RGBl. Nr. 101, womit das Verfahren in bürgerlichen Rechtsstreitigkeiten vor den Konsulargerichten geregelt wird.

KO. = Konkursordnung, Gesetz v. 25. XII. 68, RGBl. 69, Nr. 1.

KoalG. = Gesetz v. 7. IV. 70, über das Koalitionsrecht, RGBl. Nr. 43.

KrankVersG. = Krankenversicherungsgesetz v. 30. III. 88, RGBl. Nr. 33.

KuratG. = Gesetz v. 24. IV. 74, RGBl. Nr. 49, betreffend die gemeinsame Vertretung der Rechte der Besitzer von auf Inhaber lautenden oder durch Indossament übertragbaren Teilschuldverschreibungen.

LagHG. = Gesetz v. 28. IV. 89, RGBl. Nr. 64, betreffend die Errichtung und den Betrieb öffentlicher Lagerhäuser und die von denselben ausgestellten Lagerscheine.

LebensMG. = Gesetz v. 16. I. 96, RGBl. 97, Nr. 89, betreffend den Verkehr mit Lebensmitteln und einigen Gebrauchsgegenständen.

LohnExG. = Gesetz v. 29. IV. 73, RGBl. Nr. 68, betreffend die Sicherstellung und Exekution auf die Bezüge aus dem Arbeits- oder Dienstverhältnisse.

MahnG.	= Gesetz v. 27. IV. 73, RGBl. Nr. 67, betreffend das Mahnverfahren.
MStG.	= Militärstrafgesetz, kaiserliches Patent v. 15. I. 55, RGBl. Nr. 19.
MilGerG.	= Gesetz v. 20. V. 69, RGBl. Nr. 78, betreffend den Wirkungskreis der Militärgerichte.
MargG.	= Gesetz v. 25. X. 01, RGBl. 02, Nr. 26, betreffend den Verkehr mit Butter, Käse, Butterschmalz, Schweineschmalz und deren Ersatzmitteln. (Margarinegesetz).
MarkG.(90)	= Markenschutzgesetz v. 6. I. 90, RGBl. Nr. 19.
MarkG.(95)	= Novelle zum Markenschutzgesetz v. 30. VII. 95, RGBl. Nr. 108.
MelDarlG.	= Gesetz v. 6. VI. 96, RGBl. Nr. 144, über die zum Zweck der Bodenverbesserung aufgenommenen Darlehen (Meliorationsdarlehen).
MustSchG.	= Musterschutzgesetz, kaiserliches Patent v. 7. XII. 58, RGBl. Nr. 237.
NO.	= Notariatsordnung, Gesetz v. 25. VII. 71, RGBl. Nr. 75.
NotwegG.	= Gesetz v. 7. VII. 96, RGBl. Nr. 140, betreffend die Einräumung von Notwegen.
OGHStat.	= Statut des Obersten Gerichts- und Kassationshofes, kaiserliches Patent v. 7. VIII. 50, RGBl. Nr. 325.
PatG.	= Patentgesetz v. 11. I. 97, RGBl. Nr. 30.
PersFreihG.	= Gesetz v. 27. X. 62, RGBl. Nr. 87, zum Schutze der persönlichen Freiheit.
PersStG.	= Personalsteuergesetz v. 25. X. 96, RGBl. Nr. 220.
PfandbrG.	= Gesetz v. 24. IV. 74, RGBl. Nr. 48, betreffend die Wahrung der Rechte der Besitzer von Pfandbriefen.
PostSparkG.	= Gesetz v. 28. V. 82, RGBl. Nr. 56, betreffend die Einführung der Postsparkassen.
PreßG.	= Preßgesetz v. 17. XII. 62, RGBl. 63, Nr. 6.
PrivG.	= Privilegiengesetz, kaiserliches Patent v. 15. VIII. 52, RGBl. Nr. 184.
RatengG.	= Gesetz v. 27. IV. 96, RGBl. Nr. 70, betreffend Ratengeschäfte.
RegGewG.	= Staatsgrundgesetz v. 21. XII. 67, RGBl. Nr. 145, über die Ausübung der Regierungs- und Vollzugsgewalt.
RGG.	= Staatsgrundgesetz v. 21. XII. 67, RGBl. Nr. 143, über die Einsetzung eines Reichsgerichts.

RichtGewG.	= Staatsgrundgesetz v. 21. XII. 67, RGBl. Nr. 144, über die richterliche Gewalt.
SanG.	= Gesetz v. 30. IV. 70, RGBl. Nr. 68, betreffend die Organisation des Sanitätsdienstes.
SonntRuhG.	= Gesetz v. 16. I. 95, RGBl. Nr. 21, betreffend die Regelung der Sonn- und Feiertagsruhe.
SprengstG.	= Sprengstoffgesetz v. 27. V. 85, RGBl. Nr. 134.
StG.	= Strafgesetz, kaiserliches Patent v. 27. V. 52, RGBl. Nr. 117.
StPO.	= Strafprozeßordnung, Gesetz vom 23. V. 1873, RGBl. Nr. 119.
SyndG.	= Gesetz v. 12. VII. 72, RGBl. Nr. 112, womit das Klagerecht der Parteien wegen der von richterlichen Beamten in Ausübung ihrer amtlichen Wirksamkeit zugefügten Rechtsverletzungen geregelt wird. (Syndikatsverfahren.)
TierSG.	= Tierseuchengesetz v. 29. II. 80, RGBl. Nr. 35.
UrhG.	= Gesetz v. 26. XII. 95, RGBl. Nr. 197, betreffend das Urheberrecht an Werken der Literatur, Kunst und Photographie.
ÜbtrGebG.	= Gesetz v. 18. VI. 01, RGBl. Nr. 74, betreffend die Gebühren von Vermögensübertragungen.
UnfVG.	= Unfallversicherungsgesetz v. 28. XII. 87, RGBl. 88, Nr. 1.
UnschVerurtG.	= Gesetz v. 16. III. 92, RGBl. Nr. 64, betreffend die Entschädigung für ungerechtfertigt erfolgte Verurteilung.
VagG.(73)	= Landstreichergesetz v. 10. V. 73, RGBl. Nr. 108 (Vagabundengesetz).
VagG.(85)	= Gesetz v. 24. V. 85, RGBl. Nr. 89, womit strafrechtliche Bestimmungen inbetreff der Zulässigkeit der Anhaltung in Zwangsarbeits- oder Besserungsanstalten getroffen werden.
VerG.(52)	= Kaiserliches Patent v. 26. XI. 52, RGBl. Nr. 253, wodurch neue gesetzliche Bestimmungen über Vereine (Vereinsgesetz) angeordnet werden.
VerRG.	= Gesetz v. 15. XI. 67, RGBl. Nr. 134, über das Vereinsrecht.
VersG.	= Gesetz v. 15. XI. 67, RGBl. Nr. 135, über das Versammlungsrecht.

VGG.	= Gesetz v. 22. X. 75, RGBl. 76 Nr. 36, betreffend die Errichtung eines Verwaltungsgerichtshofes.
WaffP.	= Waffenpatent v. 24. X. 52, RGBl. Nr. 223.
WassG.	= Reichswasserrechtsgesetz v. 30. V. 69, RGBl. Nr. 93.
WehrG.	= Wehrgesetz v. 11. IV. 89, RGBl. Nr. 41.
WO.	= Wechselordnung, kaiserliches Patent vom 25. I. 50, RGBl. Nr. 51.
WuchG.	= Gesetz v. 28. IV. 81, RGBl. Nr. 47, betreffend Abhilfe wider unredliche Vorgänge bei Kreditgeschäften.
ZollO.	= Zoll- und Staatsmonopolsordnung v. 11. VII. 35.
ZPO.	= Zivilprozeßordnung v. 1. VIII. 95, RGBl. Nr. 113.
ZwangAnstG.	= Gesetz vom 24. V. 85, RGBl. Nr. 90, betreffend die Zwangsarbeits- und Besserungsanstalten.

IV. Abkürzungen für die Namen der Länder Österreichs.

Böh.	= Böhmen.	NiedÖ.	= Nieder-Österreich.
Mähr.	= Mähren.	ObÖ.	= Ober-Österreich.
Schlef.	= Schlesien.	Salz.	= Salzburg.
Gal.	= Galizien.	Tir.	= Tirol.
Buk.	= Bukowina.	Vorarl.	= Vorarlberg.
Steier.	= Steiermark.	Küstenl.	= Küstenland.
Kärnt.	= Kärnten.	Dalm.	= Dalmatien.
Krain	= Krain.		

V. Abkürzungen für Gesetz- und Verordnungsblätter.

ArmeeVBl.	= Verordnungsblatt für das k. u. k. Heer.
EisenbVBl.	= Verordnungsblatt für Eisenbahnen und Schiffahrt.
FinVBl.	= Verordnungsblatt für den Dienstbereich des k. k. Finanzministeriums.
JGS.	= Justizgesetzsammlung.
JMVBl.	= Verordnungsblatt des k. k. Justizministeriums.
LandwVBl.	= Verordnungsblatt für die k. k. Landwehr.
LGBl.	= Landesgesetzblatt.
MJVBl.	= Verordnungsblatt des k. k. Ministeriums des Innern.
PatBl.	= Patentblatt.
PGS.	= Politische Gesetzsammlung.
PostVBl.	= Post- und Telegraphen-Verordnungsblatt für das Verwaltungsgebiet des k. k. Handelsministeriums.

RGBl. = Reichsgesetzblatt für die im Reichsrate vertretenen Königreiche und Länder.

UMVBl. = Verordnungsblatt des k. k. Ministeriums für Kultus und Unterricht.

VI. Abkürzungen für Entscheidungssammlungen und Zeitschriften.*)

AdlCl. = Sammlung von Entscheidungen des österreichischen Obersten Gerichtshofes zum Handelsgesetze, begründe von Adler und Clemens.

AlterJB. = Judikatenbuch des österreichischen Verwaltungsgerichtshofes begründet von Wolsky, fortgesetzt von Alter.

ReißigJB. = Dasselbe, finanzrechtlicher Teil bearbeitet von Reißig.

Budw. = Erkenntnisse des österreichischen Verwaltungsgerichtshofes ursprünglich herausgegeben von Budwinski.

BudwA. = Dieselbe Sammlung seit 1901, administrativrechtlicher Teil.

BudwF. = Dieselbe Sammlung, finanzrechtlicher Teil.

CassH. = Entscheidungen des k. k. Obersten Gerichts als Kassationshofes, ursprünglich herausgegeben von Nowak, dann von Coumont und Schreiber und seit 1900 veröffentlicht von derk. k. Generalprokuratur.

Czel. = Sammlung wechselrechtlicher Entscheidungen des österreichischen Obersten Gerichtshofes, herausgegeben von Czelochowski.

GlU. = Sammlung zivilrechtlicher Entscheidungen des österr. Obersten Gerichtshofes, begründet von Glaser und Unger.

GlUNF. = Derselben Sammlung neue Folge.

Nowak. = Sammlung zivilrechtlicher Entscheidungen des österreichischen Obersten Gerichtshofes, begründet von Nowak.

AmtlS. = Entscheidungen des österreichischen Obersten Gerichtshofes in Zivil- und Justizverwaltungssachen veröffentlicht von diesem Gerichtshofe.

(Fortsetzung der von Nowak begründeten Sammlung der Entscheidungen des Obersten Gerichtshofes. Neue Folge.)

---

*) Soweit sie nicht in den für das Deutsche Reich aufgestellten Übersichten erwähnt sind.

Links.	= Rechtsprechung des Österreichischen Obersten Gerichtshofes, herausgegeben von Links.
Hye.	= Sammlung der Erkenntnisse des österreichischen Reichsgerichtes, begründet von Freiherrn v. Hye-Glunek.
GewGerS. (GGS).	= Sammlung von Entscheidungen der k. k. Gewerbegerichte, herausgegeben vom k. k. Justizministerium.
NotZ.	= Zeitschrift für Notariat und freiwillige Gerichtsbarkeit, herausgegeben vom österreichischen Notarenverein.

Druck von Leonhard Simion Nf. in Berlin SW.

FSC
www.fsc.org
MIX
Papier | Fördert gute Waldnutzung
FSC® C083411

Kolibri 360 GmbH
Ferdinand-Jühlke-Straße 7
99095 Erfurt, Deutschland
produktsicherheit@kolibri360.de

FSC
www.fsc.org
MIX
Papier | Fördert gute Waldnutzung
FSC® C083411

Kolibri 360 GmbH
Ferdinand-Jühlke-Straße 7
99095 Erfurt, Deutschland
produktsicherheit@kolibri360.de

Kolibri 360 GmbH
Ferdinand-Jühlke-Straße 7
99095 Erfurt, Deutschland
produktsicherheit@kolibri360.de